Manger des racines ?
Pas fou, non ?!
p. 116

Remerciements

De nombreuses personnes nous ont aidés lors de la réalisation de ce livre.
Nous remercions tout particulièrement Brigitte Carrère pour sa collaboration.
Grand merci aussi à Pierrette et Denis Blanqué, à Annie, Yves, Jonia et Hugo Lauvaux,
à Régine, Pascal, Jérémy et Manon Schmitz, à Muriel Vincent et Jan-Michaël Anton,
ainsi qu'à Xavier Roland, qui nous ont aidés à mettre au point les recettes.
Divers organismes nous ont aimablement fourni les informations dont nous avions besoin :
le Comité français d'éducation pour la santé (CFES) , le Centre interprofessionnel
de documentation et d'information laitières (CIDIL), le Centre d'études
et de documentation du sucre (CEDUS), l'Agence pour la recherche
et l'information en fruits et légumes frais (APRIFEL).
Nous remercions également Chantal Petit de l'OFIVAL
et Pierre Delporto de la SOPEXA.

À Christiane Grosjean
D. G.

Éditions Milan
300, rue Léon-Joulin
31101 Toulouse Cedex 9 – France.
Droits de traduction et de reproduction réservés pour tous les pays.
Toute reproduction, même partielle, de cet ouvrage est interdite.
Une copie ou reproduction par quelque procédé que ce soit,
photographie, microfilm, bande magnétique, disque ou autre,
constitue une contrefaçon passible des peines prévues par la loi
du 11 mars 1957 sur la protection des droits d'auteur.
Loi 49-956 du 16 juillet 1949 sur les publications destinées à la jeunesse
ISBN 978-2-7459-6024-5

Création graphique de l'intérieur : Bruno Douin
Création graphique de la couverture : Jean-François Saada
Mise en page : Pascale Darrigrand
Relecture et correction : Auriane Vigny
Photogravure : Graphocop 47 Agen

Dépôt légal : 3ᵉ trimestre 2014
Imprimé en Roumanie par Canale

le guide des
CUISINIERS
en herbe

COPAIN
de la CUISINE

Claudine Roland et Didier Gros Jean

Illustrations de Frédérique Vayssières,
Corine Deletraz, Nathalie Locoste,
Laure du Faÿ et Pascal Robin

MiLAN

Sommaire

Bon appétit !

Pourquoi manger ? Mais parce que c'est bon !

Pourquoi

manger ?

Question stupide, crois-tu ? Quatre fois par jour ton estomac réclame sa pitance, et tu le satisfais sans même y penser. Tu sais bien que tu dois manger pour vivre. Mais comment ton corps arrive-t-il à transformer les aliments en énergie indispensable ?

Un monde de sensations

C'est grâce à tes cinq sens que tu découvres le monde qui t'entoure… Et chaque sens contribue à faire de la nécessité, purement biologique, de manger, un vrai plaisir !

Cinq sens pour un même plaisir

Les aliments t'envoient des messages en provenance de tous tes sens. Parfois même avant que tu les portes à ta bouche ! Une simple pomme, par exemple. Elle est verte et brillante, sans taches ni coups : elle sera fraîche et acidulée. En la prenant en main, tu te fais une idée de sa dureté. Tu mords dedans : elle croque sous la dent. Vue, toucher, ouïe sont déjà entrés en action. Puis, c'est le tour du goût et de l'odorat.

L'appétit passe par les yeux

As-tu remarqué que le plaisir que tu as à manger peut varier en fonction du décor et du lieu ? Un banal sandwich se révèle savoureux quand tu as l'appétit ouvert par une balade… et un magnifique paysage sous les yeux ! Une table joliment dressée ou un panier de pique-nique bien présenté font beaucoup pour réveiller les sensations gustatives…

La carte du goût

Un chimiste français, Henning, propose dès 1916 une « carte » du goût. D'après lui, la bouche ne distingue que quatre saveurs : le sucré, le salé, l'acide et l'amer, perçues par des papilles disposées à des endroits précis de la langue. Depuis, les scientifiques ont un peu compliqué les choses en détectant d'autres récepteurs du goût partout dans la bouche. Enfin, il existe quelques saveurs, comme la réglisse, qu'on ne peut classer dans les 4 saveurs de base.

Papilles et nez en fête

Abrités dans tes papilles et disséminés dans ta bouche, sur ton palais et sur tes gencives, des milliers de récepteurs sensoriels, les « bourgeons du goût », reconnaissent certaines molécules et transmettent l'information à ton cerveau, qui fait le tri. Conclusion : cette pomme est acide et légèrement sucrée. Mais ton odorat a aussi son mot à dire : il détecte le parfum typique de la pomme verte…

L'ensemble de la perception saveur-arôme forme ce qu'on appelle la « flaveur » d'un aliment.

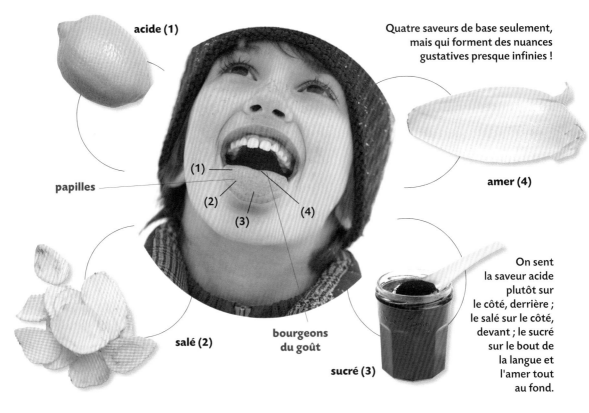

acide (1)

Quatre saveurs de base seulement, mais qui forment des nuances gustatives presque infinies !

papilles

(1)
(2)
(3)
(4)

amer (4)

salé (2)

bourgeons du goût

sucré (3)

On sent la saveur acide plutôt sur le côté, derrière ; le salé sur le côté, devant ; le sucré sur le bout de la langue et l'amer tout au fond.

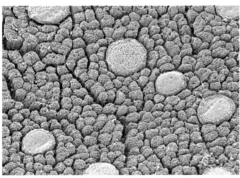

Nous avons près de 10 000 papilles sur notre langue. Les bourgeons du goût qu'elles renferment se renouvellent tous les 8 à 10 jours. Une chance ! Si tu te brûles la langue, tu ne seras privé que pour quelques jours du plaisir de goûter !

Enquête approfondie

Tes dents et ta langue te donnent encore d'autres informations utiles sur ce que tu mets en bouche. La consistance des aliments : solide, mou, gluant... Leur température : froid, tiède, chaud, brûlant. Leur effet en bouche : piquant comme les épices ou donnant une drôle de sensation au palais, comme les épinards... Toutes ces combinaisons, tu les aimes... un peu, beaucoup ou pas du tout !

De 1 à 7 secondes...

Le temps de réaction aux saveurs est variable : 1 seconde pour percevoir le sucré et jusqu'à 7 secondes pour reconnaître l'amer.

Rhume et goût

Quand tu es enrhumé, tu as l'impression que plus rien n'a de goût. En fait, ton nez étant bouché, tu ne sens plus les arômes. Il te reste uniquement les saveurs. En mangeant un éclair au chocolat, par exemple, tout ce que tu en perçois, c'est qu'il est sucré et un peu amer (cacao)... Très frustrant pour les gourmands, mais heureusement vite passé !

Attention : papilles en plein apprentissage !

Comment naît le goût ?

Sais-tu que les bébés dans le ventre de leur mère sont déjà sensibles aux saveurs ? Des expériences semblent prouver qu'ils aiment le sucré, qui déclenche chez eux le réflexe de téter, alors que l'amer et l'acide leur déplaisent fortement. Les enfants découvrent ensuite le monde... et les aliments, par l'intermédiaire de leur entourage. Les goûts – et les dégoûts ! – sont d'ailleurs souvent un héritage familial.

Les secrets de l'odorat

Comme ta bouche, qui possède des récepteurs du goût, ton nez est tapissé de cellules spécialisées dans la « capture » des odeurs, reliées au bulbe olfactif. De là, les odeurs passent par des terminaisons nerveuses qui transmettent les informations au cerveau.

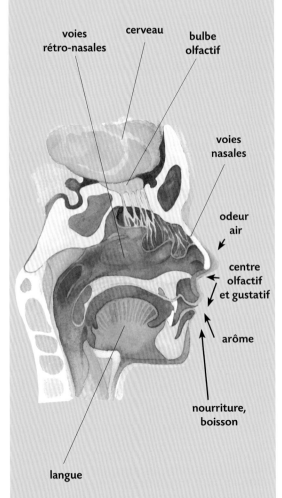

Si tu reniffles un fromage, son « parfum » passe directement dans ton nez avant d'être envoyé au cerveau pour analyse. Mais certains aliments ne développent leur arôme qu'une fois mâchés. Cet arôme passe alors par les voies rétro-nasales, et vient chatouiller tes cellules olfactives…

Du palais et du nez

Tous les grands chefs te le diront, pour devenir un bon cuisinier, il faut que tu aies du palais... et du nez ! Humer et goûter les préparations, ça fait partie du métier. Mais rassure-toi, si tu n'as pas l'impression d'être très « doué », cela se travaille. Avec un peu d'attention, tu réussiras à affiner tes perceptions... pour ton plus grand plaisir !

La semaine du goût

Chaque année, au mois d'octobre, a lieu la Semaine du goût, une initiative du Centre d'études et de documentation du sucre (CEDUS). Des « artistes » de la cuisine viennent dans les classes pour faire découvrir la palette des saveurs aux écoliers : une expérience riche en sensations ! Renseigne-toi dans ton école ou auprès du CEDUS.

Le parfun d'un bon plat... quel plaisir !

Éveille tes papilles

Il y a plein de jeux sympas pour réveiller tes papilles et devenir un fin gourmet, à faire tout seul ou avec des copains.

Le jeu des saveurs

Fais une liste contenant au moins une vingtaine d'aliments différents. Sur un papier, trace 4 cases avec les saveurs de base : sucré, salé, amer, acide. Le but, c'est d'arriver à classer tous les aliments le plus vite et le plus justement possible.

Exemple : citron : acide ; café : amer ; etc.

Le jeu de kim du goût

Prépare en cachette une série d'aliments ou d'aromates, et organise une dégustation collective. Chaque participant devra, les yeux bandés, reconnaître les produits, leur saveur, et donner un qualificatif décrivant leur consistance (granuleux, onctueux, velouté, gluant…). Inutile de choisir des aliments rares pour troubler tes invités : tu verras que ce n'est pas si facile !

Bien se nourrir,
c'est manger un peu de tout.

Manger pour vivre

Ton corps est une machine fabuleuse,
capable de transformer ta nourriture
en énergie, en éléments de construction
de ton corps ou en outils pour le réparer !
À condition que tu l'alimentes comme il faut.

Les mystères de la digestion

As-tu jamais réfléchi à cet étrange
phénomène qui se renouvelle chaque
jour dans ton corps ? Quoi que tu
manges, viande, légumes, fruits ou
sucreries, le résultat est à peu près pareil :
ces divers aliments se transforment...
en toi ! À partir du moment où tu avales
ton repas, ton système digestif entre en
action, indépendamment de ta volonté.
Et 24 heures plus tard, tous les éléments
nutritifs contenus dans ta nourriture
auront été récupérés : soit ils sont
envoyés aux cellules de ton corps qui en
avaient besoin, soit ils sont stockés...

 **1 litre...**

... environ, c'est la quantité de salive
que nous produisons chaque jour !
C'est plus de 30 000 litres de
salive en une vie. Seule la moitié
est secrétée lors des repas, l'autre
moitié humecte les muqueuses de
la bouche et permet de prévenir les
infections, notamment les caries.

Les constituants alimentaires

On classe les éléments nutritifs, ou constituants
alimentaires, en 5 grands groupes : protéines,
sucres, graisses, vitamines et sels minéraux. Les
protéines t'aident à grandir et à réparer ce qui est
usé dans ton corps. Ce sont les briques de
construction de tes cellules. Les sucres et les
graisses t'apportent le « carburant » nécessaire
pour faire bouger ton corps et pour le faire
fonctionner. Même quand tu te reposes, ton corps
a besoin d'énergie pour actionner ton cœur, tes
poumons ou ton cerveau... Pour les vitamines et
les sels minéraux, c'est plus compliqué, mais ils
sont indispensables au bon état général.

Digestion première étape

Tu t'apprêtes à manger des pâtes au jambon. Tu mastiques lentement, c'est le début du grand voyage de la nourriture. Tes papilles t'informent de ce que tu sais déjà : c'est bon ! L'effet combiné de tes dents et de ta salive ramollit ta bouchée. Tu l'avales. Ce qui était des nouilles, et qu'on nomme maintenant « bol alimentaire », glisse dans l'œsophage en direction de l'estomac. Dans cette poche, la nourriture est malaxée longuement et attaquée par des substances très acides, les sucs gastriques. Elle se transforme en une espèce de bouillie, appelée chyme.

Manger donne de l'énergie !

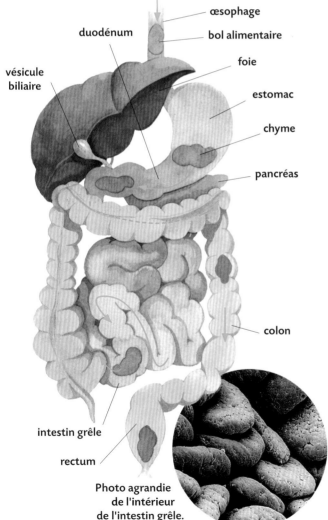

œsophage

duodénum

bol alimentaire

foie

vésicule biliaire

estomac

chyme

pancréas

colon

intestin grêle

rectum

Photo agrandie de l'intérieur de l'intestin grêle.

La suite du voyage

Direction le duodénum. Là, une douche de bile et de suc pancréatique finit de décomposer les aliments. C'est au niveau de l'intestin grêle que la plupart des éléments nutritifs (protéines, glucides, lipides, vitamines...) passent dans le sang. Le colon termine le travail, avec fermentations et gaz... Il y a maintenant près d'une journée que tu as mangé. Il reste quoi de tes nouilles ? un peu d'eau et des déchets, bientôt évacués...

Longueur des intestins

Les intestins d'un adulte (intestin grêle et colon) mesurent près de 10 mètres. Ils sont tellement repliés sur eux-mêmes que, malgré leur longueur, ils arrivent à se loger dans la cavité abdominale ! L'intestin grêle à lui seul mesure de 6 à 8 mètres.

Les secrets de l'alimentation

Eau, sucre, graisses, protéines...
à chacun son rôle pour te faire
bouger et grandir.

Vive l'eau !

L'eau constitue près des 3/4 de ton poids.
C'est dire combien elle t'est indispensable !
Elle permet aussi d'éliminer les déchets de
ton organisme. Chaque jour, tu perds
environ 2,5 litres d'eau : il faut donc que
tu en absorbes une quantité équivalente.
Heureusement, les aliments sont tous
composés d'une majorité d'eau. Même
dans le pain, il y a environ 50 % de liquide.
Mais tu dois boire, en plus, chaque jour
1,5 litre d'eau.

Halte aux boissons sucrées !

Évite les boissons sucrées, surtout gazeuses, elles
sont très mauvaises pour les dents et apportent
beaucoup de calories (un verre de soda, c'est
comme si tu buvais un verre d'eau dans lequel
tu aurais mis 4 morceaux de sucre !).

Végétariens et végétaliens

Les végétariens ne mangent ni viande ni
poisson, mais ils consomment des produits
laitiers et des œufs. Les végétaliens, eux,
refusent tout aliment d'origine animale.
Ils compensent le manque de protéines
animales par celles contenues dans
les céréales et les légumes secs.

Boire est nécessaire à l'équilibre du corps.

Manger pour grandir

Les « aliments bâtisseurs » portent bien leur nom : ils t'aident vraiment à grandir. Les laitages, bourrés de calcium, sont bons pour tes os et tes dents. La viande, le poisson, les œufs et les légumes secs t'apportent les protéines indispensables aux muscles et aux organes. Il y a autant de protéines dans 1/2 litre de lait que dans 100 grammes de viande, 100 grammes de poisson ou 2 œufs. Tu as le choix...

Graisses cachées

Ce sont les graisses, appelées aussi lipides, qui font le plus grossir. Parmi les corps gras, il y a les « purs », faciles à repérer : huiles, beurre, margarine, crème fraîche... D'autres cachent bien leur jeu : ils se camouflent dans les aliments que nous aimons. Sais-tu qu'il y a beaucoup de graisses dans certaines viandes (porc, viande rouge), dans la charcuterie, les biscuits pour l'apéritif, les chips ou les gâteaux ?

Sucres et énergie

Les sucres, aussi appelés glucides ou hydrates de carbone, te fournissent de l'énergie. Les sucres « rapides », tu les connais (trop) bien : sucre, miel, confiture, chocolat, bonbons... Ils te donnent de l'énergie immédiatement utilisable par ton corps. Utiles en cas de coup de pompe, ils doivent être consommés en quantité modérée. Sinon, gare aux kilos superflus et aux caries ! Les sucres « lents », comme les pâtes, le pain, les céréales, les pommes de terre, sont excellents car ils dispensent de l'énergie au fur et à mesure de tes besoins.

Régimes = danger !

On n'est pas tous bâtis pareils : certains sont très menus, d'autres plus enveloppés. Il faut savoir s'accepter comme on est... Si tu te trouves vraiment trop gros(se), demande conseil à ton médecin. Mais n'entreprends jamais de régime sans avis médical. Ce peut être très dangereux pour ta croissance et ta santé !

La façon dont tu t'alimentes aura une influence sur ta forme.

Bien se nourrir

Les spécialistes de la nutrition ont établi des règles simples pour manger sainement.

Un peu de tout

De nombreux scientifiques ont étudié notre alimentation et son rôle sur la santé. Ils sont arrivés à la même conclusion : il n'existe pas d'aliment parfait, qui réponde à tous nos besoins. Nous devons donc manger un peu de tout : viande, poisson, œufs, produits laitiers, céréales, légumes, fruits..., de façon équilibrée et variée. Les besoins de ton corps en protéines, sucres, graisses, vitamines et sels minéraux sont importants parce que tu grandis. Ce qui est essentiel, c'est la régularité. Pas de grignotage toute la journée, mais quatre vrais repas chaque jour : petit-déjeuner, déjeuner, goûter et dîner.

Un grand petit-déjeuner

Le repas du matin est le plus important de la journée. N'hésite pas à te lever plus tôt pour prendre le temps d'un vrai petit-déjeuner. Cela te donnera l'énergie nécessaire pour bien démarrer la journée. Et pour ton en-cas de 10 heures, prends un fruit, du fromage ou des barres aux céréales plutôt que des friandises. Surtout que, d'après une enquête américaine, les écoliers qui mangent des fruits le matin auraient de meilleurs résultats...

Malades de manger

Les boulimiques ont tout le temps faim. Celles (ce sont surtout des filles) qui souffrent d'anorexie, au contraire n'ont jamais faim et refusent de manger. Ces deux maladies graves sont dues à des problèmes psychologiques.

Les calories

Une calorie, c'est la quantité de chaleur nécessaire pour élever d'1 °C la température d'un gramme d'eau. Les diététiciens se servent de cette mesure pour définir la valeur énergétique des aliments : un morceau de sucre contient environ 20 calories, une pomme 60 calories, 10 chips 100 calories, un verre de lait entier 150 calories, 100 g de chocolat 500 calories, un hamburger 600 calories… Un enfant de 8 ans a besoin de 2 000 calories par jour, un homme adulte de 2 400 à 2 700.

Précieuses vitamines

Il y a la vitamine C, abondante dans les agrumes ou les kiwis, qui t'aide à résister aux rhumes, la vitamine A (foie, carottes, jaune d'œuf...), bonne pour la croissance, la vue, la peau... Et bien d'autres, que tu connais moins (on en compte 13 sortes différentes). Présentes en quantités infimes dans ton corps, les vitamines (du latin *vita* qui veut dire « vie ») sont essentielles pour ta santé. Ton alimentation doit te les fournir, car ton corps ne les fabrique pas lui-même (sauf la vitamine D). Privilégie les céréales complètes (bio), les fruits et les légumes.

Indispensables sels minéraux

Calcium, phosphore, magnésium, sodium, potassium, fer, cuivre..., la liste des sels minéraux présents dans ton corps est longue (il y en a au moins 17 !). Le plus connu est le calcium, qui rend tes os et tes dents solides et aide au bon développement de ton squelette. Les sels minéraux aussi, tu les trouves dans ce que tu manges et ce que tu bois.

Il faut manger au moins cinq fruits et légumes par jour... Ainsi, tu es sûr d'avoir ta dose de vitamines !

Bien se nourrir, c'est facile !

Les spécialistes de la nutrition ont établi une sorte de « pense-bête », avec quelques règles simples pour manger sainement. Ils conseillent à tous de consommer : à chaque repas : un produit laitier, une crudité (fruit ou légume), du pain ; une fois par jour au moins : de la viande ou du poisson ou des œufs, des pâtes ou du riz ou des pommes de terre ou des légumes secs, des légumes cuits, des corps gras (huile, beurre, margarine) en petite quantité pour l'assaisonnement ou la cuisson.

Culture et nourriture

Se nourrir, c'est un plaisir, modelé par notre environnement. Mais c'est aussi un besoin vital, que tous les individus, dans le monde, n'arrivent pas à satisfaire…

Chaque population a des traditions et des goûts différents. En France, la plupart des enfants adorent les fraises.

Dis-moi ce que tu manges...

Dis-moi ce que tu manges et je te dirai qui tu es, et d'où tu viens… Une blague ? Pas tout à fait. Tu aimes les moules, mais pas le poisson ; le gruyère, mais pas le camembert. On parie que tu es un Européen ? Un Français, plus précisément ? Car pour bouder certains aliments, il faut déjà les avoir à sa disposition. Tes goûts, tu crois peut-être qu'ils sont une manifestation de ta personnalité ? Mais nous sommes aussi le produit de notre milieu. Si tu vivais en Guinée-Bissau, pays africain bordé par la mer, tu mangerais du riz et du poisson à chaque repas. Et tu aimerais ça. En Amérique latine, tu te jetterais sur la viande très épicée et le maïs...

De meilleures récoltes ?

Dans les laboratoires, tous les moyens sont bons pour augmenter les récoltes : nouveaux engrais, amélioration des espèces, création de variétés résistantes aux insectes et aux maladies… Mais la majorité des consommateurs ne souhaitent pas consommer de produits génétiquement modifiés, les fameux « OGM ». Tous les risques ont-ils été vraiment pris en compte ? D'autant que l'océan, par exemple, déborde de trésors, comme les algues ou le plancton… Reste à trouver les recettes pour les accommoder.

Des goûts et des dégoûts

On ne se nourrit pas de la même façon selon le lieu où l'on vit. Déjà, notre environnement limite l'offre. Mais les coutumes, et la mode ont aussi une influence. À Mexico, il est du dernier cri de manger dans un restaurant qui propose rongeurs, iguanes, œufs de mouches aquatiques, criquets, punaises et larves de fourmis... Dans certaines régions de Chine, on mange du chien. En Australie et aux États-Unis, le serpent et le crocodile ont leurs amateurs. L'œil de mouton est une friandise appréciée au Maroc. Et en France, on mange des huîtres, des escargots ou des cuisses de grenouilles...

À manger pour tous !

En l'an 2050, il y aura près de dix milliards d'êtres humains sur Terre. Et aujourd'hui déjà, on estime qu'1,5 milliard d'habitants de notre planète souffrent de malnutrition. Pourtant, si on répartissait équitablement les ressources disponibles, chacun pourrait manger à sa faim. Ainsi, le bétail des pays riches consomme à lui seul un tiers des céréales du monde ; soit les besoins de 2 milliards d'habitants du tiers-monde. Augmenter la production d'aliments et surtout mieux les partager, c'est le défi du XXIᵉ siècle.

Insectes dans l'assiette

Les Mexicains ne sont pas les seuls mangeurs d'insectes. En Australie, les Aborigènes apprécient les fourmis « pot de miel ». Les Indiens d'Amazonie raffolent des vers blancs, les Chinois, des cafards, les Japonais, des guêpes grillées, et les Papous, des araignées. Et ils ont raison ! Car des études récentes ont prouvé que la valeur nutritive des insectes était de 30 % supérieure à celle de la viande ! La consommation des insectes est encouragée dans les pays menacés de famine. Car on peut les « cultiver » et les « récolter » sans peine, puisqu'ils représentent 80 % des espèces animales ! Arriveront-ils jusqu'à ton assiette ?

Que mangeront donc les astronautes, demain, pendant les longs vols spatiaux ?

On n'est pas sûrs que les nobles Égyptiens mangeaient de cette manière… Mais ce qu'on sait, c'est qu'ils étaient gourmands !

Histoires

De l'invention du feu à celle du micro-ondes, il s'en est passé des choses, en cuisine ! Pour que naisse la gastronomie, il aura fallu des centaines de milliers d'années, de nombreuses découvertes et surtout, beaucoup de gourmandise...

de cuisine

Trois millions d'années de gourmandise

Debout sur ses pattes arrière, notre plus lointain ancêtre, l'australopithèque, se gave de baies juteuses. Il aime déjà les bonnes choses, mais il est bien loin de s'intéresser à la cuisine…

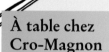

Tu ne pourras jamais goûter de rôti de mammouth… Dommage !

Vive le feu !

Pendant très longtemps, les hommes se nourrissent de petits animaux crus et de plantes. La découverte du feu, il y a près de 500 000 ans, va élargir le menu ! Grillés sur des foyers de pierres ou bouillis, les morceaux de viande s'attendrissent, et certains végétaux, immangeables crus, se révèlent succulents une fois cuits. La cuisson permet de mieux conserver les aliments et d'en améliorer le goût. Pour peu que l'on y ajoute quelques herbes parfumées, le résultat est… à s'en lécher les doigts !

Nourriture et civilisations

Trouver de quoi manger prend beaucoup de temps et d'énergie… mais c'est aussi l'occasion de faire de nombreux progrès techniques ! Au fil du temps, l'homme invente de nouveaux outils et des armes plus perfectionnées. Il y a moins de 10 000 ans, le chasseur se transforme en agriculteur. Il cultive des céréales et élève des animaux pour ne plus dépendre uniquement du produit de sa chasse. Et les premières villes naissent de ce changement de vie…

À table chez Cro-Magnon

Débarquons dans une famille, il y a 30 000 ans, juste avant l'heure du repas. Le père est occupé à fumer des quartiers de renne. La mère surveille la « marmite » en peau installée sur des perches à côté du feu. Un bouillon à la moelle d'aurochs (une sorte de taureau) y mijote. Les enfants jettent régulièrement dans la marmite des galets brûlants pour le maintenir chaud. Au menu, il y a aussi du saumon grillé et des myrtilles… Les hommes préhistoriques se servaient d'une pierre plate chauffée dans le feu pour griller à point leur steak de renne ou de mammouth. On y revient aujourd'hui avec les « pierrades ».

Les Grecs, les Romains et d'autres peuples de l'Antiquité avaient l'habitude de manger couchés.

Antiques festins

Avec les grandes civilisations, égyptienne, grecque, romaine et chinoise, naît vraiment la cuisine : l'art d'accommoder, selon une tradition qu'on se transmet, les aliments les plus variés. Aux banquets des pharaons, les nobles se régalent d'une quarantaine de pains et de gâteaux différents, de bœuf, de mouton, d'oie, de canard, et même de foie gras ! Les paysans, eux, se contentent de pain et d'oignons... Quant aux riches Romains, ils en arrivent à se faire vomir pour goûter tous les plats de leurs festins.

Le livre d'Apicius

Apicius est un Romain célèbre pour sa gourmandise. Il a écrit un livre de cuisine qui nous donne une idée de ce que les Romains aimaient : le sucré-salé, les gibiers les plus étranges truffés d'aromates, et surtout, un condiment à base d'entrailles de poisson fermentées, le garum.

Cette statuette antique représente un cuisinier égyptien en plein travail.

Du Moyen Âge au Nouveau Monde

Que de transformations en cuisine pendant cette période ! Raffinements, bonnes manières et nouveaux produits venus des pays les plus lointains s'imposent à la table des nobles.

Repas royal

13 octobre 1370. Le roi de France Charles V a demandé à son maître-queux de concocter un menu pour ses amis. Voici le déroulement de ce banquet. Les nobles sont assis sur des banquettes, tandis que le roi trône dans un fauteuil doré. Chaque invité dispose d'une coupe en argent, d'une cuillère et d'un couteau. Il reçoit une écuelle... qu'il devra partager avec son voisin. On apporte toutes sortes de volailles au bouillon. Viennent ensuite les rôtis : un paon orné de toutes ses plumes, des lièvres, des chapons... Suivent les viandes en sauce, et enfin les desserts : crèmes, confitures, fruits...

Une écuelle pour deux

L'assiette marque l'emplacement où chacun doit s'asseoir à table. Au Moyen Âge, elle n'existe pas encore. Les liquides sont servis dans une écuelle qui sert pour deux personnes à la fois. Les solides se mettent sur un morceau de pain coupé en rond, appelé « tranchoir ». Ce pain n'était pas mangé : on le donnait aux pauvres après la fête...

Cette écuelle viking provient du Danemark.

Petites et grandes découvertes

Au XVIᵉ siècle, les Européens se lancent à la conquête du monde. Ils découvrent des terres inconnues... pour eux. L'Amérique est déjà habitée par différents peuples, comme les Incas ou les Aztèques, qui ont atteint un haut degré de raffinement. Du Nouveau Monde, les conquistadores espagnols ramènent de l'or, mais aussi de nouveaux produits, qui auront beaucoup de succès en cuisine : chocolat, maïs, haricots, tomates, pommes de terre, dinde...

Sacs d'épices...

Les épices sont si précieuses que les hommes sont prêts à toutes les aventures pour s'en procurer ! Car elles servent en cuisine, mais aussi en pharmacie. Les plus recherchées sont le poivre et le gingembre, qui proviennent d'Inde, la cannelle, de Ceylan, les clous de girofle et la noix de muscade, d'Indonésie. Leur valeur est telle qu'elles servent parfois de monnaie : de là l'expression : « payer en espèces » (en épices) ! Le poivre se vend par grain, et d'un homme très fortuné on dit qu'il est un « sac de poivre ».

Noble gibier

Les nobles raffolaient du gibier et s'étaient réservé le privilège de la chasse. Ils considéraient que les animaux libres étaient plus dignes de paraître à leur table que les animaux d'élevage. Les gens du peuple, eux, ne mangeaient de la viande qu'aux fêtes. Ils se nourrissaient surtout de bouillie et de soupe.

La grande cuisine française

Jusqu'au XVIIᵉ siècle, on utilise beaucoup les épices. Ça fait riche, et ça masque le manque de fraîcheur de la viande. Petit à petit, cependant, les cuisiniers apprennent à respecter le vrai goût des aliments, même s'ils les enrichissent encore avec toutes sortes de sauces... C'est le début de la cuisine moderne. À la cour des rois de France, les banquets sont maintenant d'un luxe et d'un raffinement inouïs. Vaisselle en métaux précieux et tissus fins parent les tables. Les décors des plats rivalisent d'originalité. Le plaisir des yeux compte autant que celui du palais.

Science culinaire

Avec la période moderne, enfin, la gastronomie n'est plus réservée à quelques privilégiés ! On invente sans cesse des outils et des techniques pour mettre la cuisine à la portée de tous les gourmands.

Leçons de gourmandise

Après la Révolution française, un grand nombre de maîtres-queux qui étaient au service des nobles se retrouvent sans emploi. Quelques-uns ouvrent des restaurants. D'autres se mettent au service de bourgeois fortunés. Des spécialistes écrivent livres et revues pour apprendre aux nouveaux riches les raffinements de la bouche et les bonnes manières à table. Ce sont les premiers critiques gastronomiques

Révolution en cuisine

Les progrès de la science, au XIXe et au XXe siècles, ont des répercussions en cuisine, et de nombreuses inventions facilitent la vie quotidienne : boîtes de conserve, cuisinière à charbon puis à gaz, réfrigérateur... Les recettes, largement diffusées, deviennent plus précises. Ainsi, n'importe qui peut se lancer dans une activité réservée jusque-là aux professionnels. La bonne cuisine devient une affaire de famille. Les savants, eux aussi, s'intéressent au contenu de notre assiette. Une nouvelle science apparaît : la diététique.

Au début du XXe siècle, ce modèle de cuisinière est une vraie innovation !

Le premier restaurant

En 1765, un certain Boulanger sert dans son café des « bouillons restaurants », c'est-à-dire des bouillons qui restaurent les forces. Ce serait l'origine du mot restaurant. Mais le premier vrai restaurant ne s'ouvrira qu'en 1782, avec à sa tête un ancien « officier de bouche » du comte de Provence. La gravure ci-dessous (datant de 1822) représente un restaurant à Paris.

L'amélioration des techniques de conservation a changé la façon de faire la cuisine.

Cuisine express

Aujourd'hui, tout va vite. La cuisine aussi ! Nous consacrons de moins en moins de temps à préparer le repas et à manger. Les plats tout prêts, les surgelés et les fours à micro-ondes permettent de préparer un repas en un tour de main. Et les *fast-foods* (en français : « nourriture rapide ») se multiplient. Quelle sera notre alimentation à l'avenir ? Protéines en pilules ? Steaks de soja ? Algues ? Les scientifiques et les nutritionnistes se penchent sur notre assiette, et les agronomes cherchent de nouvelles ressources pour nourrir la planète. Mais heureusement, nos traditions gourmandes ont la vie dure...

Même si les plats « tout prêts » et les plateaux repas ont du succès, les Français cuisinent encore. Le temps moyen de préparation d'un repas est de 30 minutes environ.

Gastronomie moléculaire

Une approche nouvelle de la cuisine a été inventée, il y a quelques années, par deux scientifiques, Nicholas Kurti et Hervé This. Ceux-ci ont étudié les réactions physicochimiques qui sont à l'œuvre lorsque l'on cuisine (caramélisation, cuisson, macération, etc.). Et ils se sont intéressés aux adages, trucs ou astuces que nous ont légués les générations de cuisiniers qui nous ont précédés, afin de les valider (ou de les rejeter). Cette cuisine inventive a permis de développer des recettes originales comme le « chocolat-chantilly », sorte de mousse au chocolat sans œufs, ou encore une meringue très légère baptisée « cristaux de vent ».

Premiers fast-foods

Le « fast-food » n'est pas une nouveauté ! C'est en 1948 que les frères McDonald's ouvrent leur premier self-service, en Californie. Il y a aujourd'hui environ 30 000 McDo dans le monde, qui servent plus de 20 millions de repas par jour. Mais on avait déjà inventé des mets faciles à manger « sur le pouce » bien avant les hamburgers : sandwichs européens, chiches-kebabs et pitas orientaux…

Les usages de la table

Le repas, c'est l'occasion de se retrouver, pour partager des aliments, mais aussi des idées, des rires, des émotions… C'est la fête au quotidien, d'autant plus réussie que la table est « dressée » dans le respect des traditions !

Pris dans le calme et la bonne humeur, un repas même copieux sera mieux digéré et profitera à ton corps !

Tous ensemble

« Quand est-ce qu'on mange ? »
Pour un affamé comme toi, le repas est une nécessité vitale ! Mais cette réunion autour d'une table bien garnie est aussi un moment de rencontre privilégié.
Les membres d'une même famille sont « obligés » de partager la même table, et c'est parfois la seule occasion de la journée pour se retrouver… Une étude réalisée auprès de milliers d'enfants de 10-11 ans montre qu'ils considèrent le repas comme le symbole de la vie familiale. Et qu'ils trouvent important de bien cuisiner pour ceux qu'on aime !

Coutumes du monde

Dans le monde, il n'y a qu'une minorité d'utilisateurs de couteaux et de fourchettes. En Chine (plus d'un milliard d'habitants !) et dans beaucoup d'autres pays asiatiques, ce sont les baguettes qui sont de rigueur. En Afrique, il y a tout un art de manger avec les doigts. En Occident, les coutumes de table changent d'un pays à l'autre : en Italie ou aux États-Unis, beaucoup de gens mangent debout le midi devant des comptoirs de snacks, alors que ce n'est pas fréquent en France…

Repas en règle

L'organisation du repas peut beaucoup varier d'un pays à l'autre. En France, déjeuner et dîner, les deux repas principaux, suivent les mêmes règles de succession des plats : hors-d'œuvre, entrée, plat principal, dessert (précédé ou non du fromage). L'usage veut aussi que le poisson précède la viande, si les deux sont au menu. Mais il existe des pays comme la Chine où l'on sert tous les plats sur la table en même temps !

Savoir-vivre à table

« Lave-toi les mains avant de manger », « Ne mets pas tes coudes sur la table », « Ne commence pas à manger avant que tout le monde soit servi ». Tu as déjà entendu ces petites phrases si énervantes… Mais imagine une table où tout le monde tremperait ses mains sales dans les plats, où les moins rapides – ou les plus éloignés – se retrouveraient sans rien dans leur assiette !

Les lois de la table

Tu as été désigné pour mettre la table. Pourquoi ne pas faire les choses bien ? À l'emplacement de chaque convive, tu disposes une assiette plate, sur laquelle tu places une assiette creuse s'il y a du potage. Ensuite, tu mets le couteau et la cuillère à soupe à droite de l'assiette, et la fourchette, à gauche. Pourquoi ? Parce que c'est plus facile de porter la cuillère à sa bouche et de guider son couteau avec la main droite. Tu es gaucher ? Tais-toi et mange !

Servir tous les plats en même temps sur la table a un réel avantage : tout le monde en profite, même le cuisinier !

Indispensables accessoires

Le couteau existe depuis très longtemps : les hommes préhistoriques s'en bricolaient déjà avec un simple éclat de silex. La cuillère est également très ancienne. La fourchette, elle, fait son apparition à la fin du Moyen Âge. C'est à la même époque que l'assiette en faïence commence à remplacer l'écuelle, et les verres, les gobelets. Mais tous ces objets ne sont utilisés par la majorité des gens que depuis 200 ans. L'usage d'une table date également du Moyen Âge. Au début, c'était une simple planche posée sur des tréteaux. Depuis, elle est devenue plus raffinée…

Table en fête

Un décor raffiné et, tout de suite, la table est en fête. Pas besoin d'une baguette magique pour faire des miracles dans ce domaine. Une pincée de goût et un zeste d'imagination suffisent…

Mise en scène

Une jolie nappe, quelques bougies, et c'est le signal de la fête. Mais si tu veux raffiner ton décor, prévois du temps pour tes préparatifs. Fleurs ou feuillages égaieront la table. Marque-places originaux ou petits cadeaux surprendront les invités. As-tu pensé au « plan de table » ? Car le succès du repas en dépend aussi… Si tu mets côte à côte des personnes qui ne s'entendent pas, bonjour l'ambiance !
Normalement, le maître et la maîtresse de maison sont assis l'un en face l'autre.
Pour les autres places, ton objectif est de faire plaisir à tous…
Pas si facile !

Pour un déjeuner réussi, soigne le décor…

Fleurs et feuillages

Évite le grand vase qui oblige à jouer à cache-cache avec son voisin ! Une fleur fraîche dans un verre devant chaque invité ou une guirlande disposée au milieu de la table font beaucoup d'effet. La verdure donne un décor pas cher et original : feuillages (lierre, laurier…), branches sur lesquelles tu peux accrocher des rubans colorés, ou même des sujets en pâte d'amande ou des petits cadeaux.

Couleurs et lumières

Nappe, serviettes, assiettes, plats, coupes… Mais aussi papier crépon, étoiles, confettis, ballons, banderoles… Fais un inventaire des éléments de décoration dont tu disposes. Assortis les couleurs ou joue les contrastes. Et pour la lumière ? Rien de plus romantique et doux que la lueur des bougies ! N'oublie pas de disposer bougies et chandeliers sur une assiette ou un plat pour ne pas abîmer la nappe avec les écoulements de cire.

Apprends à plier les serviettes

Il existe mille et une manières de plier les serviettes. Peut-être inventeras-tu la tienne ? Les plus habiles les transforment en rose, en lapin, en oiseau… Voici trois idées de pliage, faciles à réaliser.

Attention ! Tu peux essayer avec des serviettes en papier, mais le résultat n'est pas aussi beau. Pour bien réussir tes pliages, il vaut mieux des serviettes en tissu épais (les plis tiennent mieux), et assez grandes.

La chandelle

1. Plie la serviette en deux dans le sens de la diagonale.

2. Rabats les pointes en bas.

3. Replie deux fois vers le bas.

4. Prends l'extrémité gauche de la serviette, qui va devenir la flamme, et redresse-la.

5. Puis enroule-la vers la droite dans le reste de la serviette. Rentre le bout en dessous. Fais tenir ta chandelle debout.

Le cache-pain

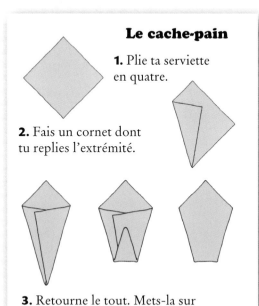

1. Plie ta serviette en quatre.

2. Fais un cornet dont tu replies l'extrémité.

3. Retourne le tout. Mets-la sur l'assiette ou à côté, avec un petit pain caché sous la pointe.

L'éventail

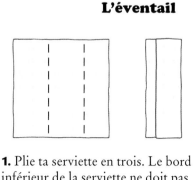

1. Plie ta serviette en trois. Le bord inférieur de la serviette ne doit pas atteindre le sommet.

2. Plie-la en accordéon. Pince le bas entre tes doigts : ton éventail se déplie. Dispose-le dans un verre (l'effet est plus joli dans un verre à vin).

Si les produits sont bons, on a plus de chance de réussir son plat !

Le b.a.-ba

Tu as repéré une recette ? Tu brûles de l'essayer ? Il te suffit de connaître quelques trucs et tours de main pour te débrouiller comme un chef ! Mais n'oublie pas que, en cuisine, la qualité des produits compte autant que l'habileté...

du chef

Les bons produits

Choisir les bons ingrédients, c'est tout le secret des bons cuisiniers… En faisant tes courses, tu prépares déjà la réussite de ton plat !

En cuisine, tout dépend de la qualité des produits… et pour bien les choisir, rien de mieux que le marché !

Faire son marché

Quand tu as choisi une recette, tu te procures les ingrédients. Mais beaucoup de grands chefs font l'inverse : c'est au marché qu'ils décident de la recette, en fonction des produits les plus alléchants qu'ils trouvent. Le marché, c'est déjà un plaisir gourmand ! Tu y trouves de tout, et même ce que tu ne cherchais pas : variétés anciennes ou spécialités locales. Tu peux comparer les prix, la fraîcheur des produits… et le sourire des commerçants !

Toujours frais

Rien de meilleur que les produits frais ! Avec eux, tu fais à la fois le plein de saveurs et de vitamines. Que tu te fournisses au marché, au petit magasin du coin ou dans une grande surface, choisis de préférence les produits de saison et ceux de la région où tu habites (ils ont moins voyagé). Quant aux conserves et surgelés, ils te permettent de manger varié, même en plein hiver !

Pas de miracle

Un cuisinier ne fait pas de miracle. Il rehausse le goût des aliments, combine les saveurs, mais il ne fera jamais du bon avec du mauvais ! Si la viande sent mauvais, si les légumes sont raplapla, le résultat sera immangeable. Avec de bons produits, c'est presque gagné d'avance !

Bravo le bio !

Des produits à la fois plus goûteux, meilleurs pour ta santé et même pour celle de notre planète ? Ça existe ? Oui, ce sont les produits dits « bio », cultivés sans engrais chimiques ni pesticides. On en trouve de plus en plus dans les magasins, y compris dans les grandes surfaces. Inconvénient : ils sont chers car l'agriculture et l'élevage biologiques ne sont pas encore très développés dans nos pays. Si tu le peux, ça vaut le coup de faire le choix de ce mode de production durable, qui respecte les ressources naturelles, les équilibres écologiques et le bien-être des animaux, avec le plaisir du goût en plus…

Fruits et légumes doivent être fermes et brillants, sans taches ni coups.

Bien acheter

Lis les dates qui figurent sur l'emballage des produits pour choisir les plus frais (ils sont souvent cachés derrière les autres dans le rayon…). Méfie-toi des apparences : ce n'est pas toujours le fruit le plus gros et le plus beau qui a le plus de goût. Une viande trop rouge est sans doute colorée artificiellement par des produits chimiques ou par les lumières rosées du magasin… Et puis, chez toi, ne laisse pas attendre des légumes trop longtemps au frigo : ils perdent leurs vitamines et deviennent moins bons pour la santé !

Fraîcheur en boîte

Les aliments stérilisés ont perdu beaucoup de vitamines. Ce n'est donc pas très sain pour l'organisme de se nourrir uniquement de conserves. Ne consomme pas celles dont le couvercle est bombé, ou dont la boîte est déformée. Les produits surgelés, eux, gardent l'essentiel de leurs vitamines. Cependant, le froid « endort » les microbes mais ne les tue pas : dès qu'un aliment est décongelé, ces bestioles reprennent tranquillement leurs activités… Il faut donc manger rapidement un aliment décongelé. Et ne jamais le recongeler !

Les conserves

Comment conserver les aliments tout au long de l'année ? Un Français, Nicolas Appert (1749-1841), cuisinier et confiseur, découvre un procédé révolutionnaire : la stérilisation. Il enferme du lait et des légumes dans des bocaux en verre parfaitement bouchés, et les met à bouillir dans une marmite remplie d'eau. Plusieurs mois après, le contenu est encore comestible : la conserve est née ! Les boîtes en fer-blanc, plus solides et économiques, s'imposeront par la suite.

Les règles de base du cuisinier

Tu vas prendre possession de la cuisine...
Fais-en le royaume de l'efficacité et de
la propreté, comme un vrai professionnel !

Assurance tous risques

Fais un petit sondage auprès de quelques adultes :
tu verras qu'ils se sont déjà tous coupés ou brûlés
en faisant la cuisine. Ce n'est pas une raison
pour refermer ton « Copain de la cuisine » !
Prends seulement la précaution d'avoir un adulte
à proximité, qui pourra superviser le déroulement
des opérations, et t'assister si nécessaire.

À deux, à trois...

La cuisine à plusieurs, c'est
possible... si ta cuisine n'est pas
trop petite. Au-delà d'une équipe
de deux ou trois, ça tourne vite
à la foire... Réserve le travail
en groupe à la préparation de
« grands événements » (pique-
niques ou fêtes d'anniversaire).
Un volontaire veillera à ce que
chacun ait son rôle.

Une fine équipe

Inviter des copains
à fabriquer – et à manger ! –
avec toi le gâteau qui
couronnera l'après-midi,
ça peut être une super idée !
Faire la cuisine à plusieurs,
c'est sympa et instructif.
Et surtout, déguster ce
qu'on a réussi ensemble,
quelle fête !

Débuts tranquilles

Tu es décidé à faire une recette ? C'est peut-être
le début d'une vocation de grand chef... Quelques
mesures s'imposent pour que tes essais ne
transforment pas la cuisine en un champ de bataille.
D'abord, prévois d'avoir du temps : un après-midi
tranquille, par exemple. Si tu commences
ta préparation au dernier moment, tu risques de
rater le dessert du siècle parce que tu t'énerves...

Qui fait quoi ?

La première chose à décider, c'est la répartition des tâches, la plus équitable possible. Pas question que l'un d'entre vous se retrouve seul condamné à la corvée épluchage ou nettoyage ! Établir clairement qui fait quoi avant de commencer évitera d'avoir à gérer des conflits au moment le plus délicat de la recette… Se disputer pour savoir qui tourne la cuillère n'est pas idéal pour réussir la pâte !

Propreté et rangement

Avant de commencer, lave-toi toujours les mains, et retrousse tes manches. Le tablier est une bonne solution, si tu ne veux pas voir ton t-shirt décoré de taches de tomate ou de chocolat… Ton plan de travail doit être propre et dégagé. Lis attentivement la liste des ingrédients, et prépare les produits et les ustensiles dont tu auras besoin. Nettoie, range et fais la vaisselle au fur et à mesure. Surtout, sois sympa : pense à remettre la cuisine en ordre quand tu as fini !

Attentif et organisé, tel doit être un bon cuisinier !

Prudence avec le feu

Les cuisiniers « jouent avec le feu », et les risques de brûlure sont réels… Enfile toujours un gant de cuisine quand tu dois manier une casserole ou un plat chaud. Méfie-toi de la vapeur quand tu soulèves un couvercle. N'ajoute jamais d'eau ou de légumes trop mouillés dans de l'huile chaude : au contact de l'eau, l'huile saute dans tous les sens ! Gare au visage ! Demande à un adulte de mettre, et surtout de sortir les plats du four. Et de vider la casserole pleine d'eau bouillante des pâtes… N'oublie pas de poser les casseroles sur la cuisinière avec le manche tourné sur le côté, pour éviter de les renverser.

Attention, ça coupe !

Pour couper, utilise une planche à découper et un couteau bien aiguisé. Tiens toujours ton couteau pointe en bas ; maintiens ce que tu découpes fermement, les doigts placés le plus loin possible de la lame pour qu'ils soient à l'abri d'un dérapage. Et si tu ne te sens pas sûr de toi, demande à un adulte de le faire à ta place.

Composer un menu

Un plat, plus un plat, plus un plat est égal à... un repas. En combinant les recettes, c'est un vrai menu que tu élabores. Tout un art !

C'est quoi, un vrai repas ?

Entrée, plat principal, dessert... Fruits et légumes pour les vitamines, féculents comme le riz ou les pâtes pour l'énergie, viande, poisson et produits laitiers pour grandir... Pour préparer un repas équilibré, il faut savoir à quelle « famille » appartiennent les aliments, et ce qu'ils apportent.

Question de mesure

Rassure-toi. Tu n'es pas obligé de respecter toutes les règles de la diététique à chaque fois que tu manges : l'équilibre alimentaire se construit tout au long de la journée. À l'occasion, un plat unique du style pâtes au jambon fait plaisir à tous... sans danger pour la santé !

La santé est une question d'équilibre... et de quantités. Ni trop gras, ni trop sucré, ni trop salé... Tu connais la chanson !

Exemples de menus

Ils sont tous composés avec des recettes de ton *Copain de la cuisine*… juste pour stimuler ton inspiration…

Menu été
- Caviar d'aubergines
- Brochettes d'agneau à l'orientale.
- Pêches Coeur de glace

Menu Marin
- Salade crabe-pommes
- Patates Pirates.
- Fruits rouges à la nage

Menu Hiver
- Soupe Pois cassés Croûtons.
- Boeuf à la Catalane.
- Carottes au jus d'orange.

Menu Végétarien
- Champignons en salade.
- Potiron Cendrillon.
- Fleurs de poire au chocolat.

L'équilibre avant tout

Quand tu crées ton menu, tu es libre de te laisser guider par tes goûts ou par ceux de tes invités… Mais il y a quand même de petites erreurs à ne pas commettre. Évite de mettre à ton menu deux fois le même produit. Si tu as du riz aux légumes comme plat principal, le riz au lait en dessert risque de lasser… Souviens-toi aussi que le bourratif appelle le léger. Après un gratin de pommes de terre, une petite salade ira mieux que des nouilles !

N'hésite pas à décorer ton plat ! C'est toujours meilleur avec une touche artistique…

Indispensables ustensiles

Pour faire la cuisine, tu as besoin d'un minimum de matériel.
En cherchant bien, tu trouveras tout ce qu'il te faut
dans les tiroirs et les placards de la cuisine.

Les indispensables

Pas moyen de se débrouiller sans ces objets !
Il faudrait vraiment que tes parents soient abonnés
au restaurant pour qu'ils ne les possèdent pas !

râpe à fromage

Les moules

Préfère ceux qui ont un revêtement antiadhésif : ils attachent
moins et nécessitent un minimum de matière grasse.

Avant de mettre un plat au four,
assure-toi qu'il supporte la chaleur
(il peut fondre ou se casser...). Si tu
n'en as pas, tu peux utiliser un moule
à gâteau ou à tarte.

saladier en verre

moule à cake (ou à pain)

moule à charlotte

moule à tarte
Un fond amovible facilite le démoulage.
À réserver à des préparations qui ne
coulent pas...

moule à manqué

Cuillères et spatules en bois

Pourquoi en bois ? Essaie
de laisser une cuillère
en métal dans une
casserole qui chauffe...
Ou plutôt n'essaie pas :
ce serait dommage
de te brûler pour
ta première recette !
La cuillère sert
à mélanger, la spatule
à empêcher les aliments
d'attacher au fond
de la casserole.

gant

rouleau à pâtisserie
(une bouteille en verre
fait aussi l'affaire)

bols

saladier en plastique

Poids et mesures

Petit rappel des unités couramment utilisées en cuisine :

1 litre = 10 décilitres (dl) = 100 centilitres (cl) = 1 000 millilitres (ml) = 1 000 centimètres cubes (cm^3 ou cc)

1 litre d'eau = 1 kilo = 1 000 grammes

1/2 litre = 50 cl = 500 cc

1/4 de litre = 25 cl = 250 cc

verre gradué
(aussi appelé verre doseur)
Il permet de mesurer facilement les volumes de liquides (eau, lait), mais aussi le poids de quantité d'ingrédients : farine, sucre, semoule, riz, cacao... Tu t'en serviras tout le temps.

passoire

ouvre-boîte

poêle ou **sauteuse**
Lorsque tu saisis ta poêle, n'hésite pas à utiliser un gant isolant (pour ne pas te brûler).

ciseaux

couteau économe ou **épluche-légumes**
Faciles à utiliser, ils remplacent le couteau de cuisine pour l'épluchage de beaucoup de légumes, avec moins de risques de se couper.

dessous de plat

couteau de cuisine
L'idéal est d'en avoir de différentes tailles : un petit couteau sera parfait pour éplucher l'ail... mais pas pratique pour couper un melon !

planche à découper

casseroles
Il en faut au moins deux : une grande et une petite.

Le matériel utile

Certains ustensiles sont presque indispensables, d'autres tiennent plus du gadget utile. Tous peuvent te faciliter la vie pour l'une ou l'autre recette.

spatule en caoutchouc
Pratique pour vider complètement un récipient rempli de pâte ou de crème.

emporte-pièce de différentes formes

presse-agrumes

louche

écumoire
Pour sortir un morceau de viande ou un œuf poché d'un liquide.

cuillère parisienne

vide-pomme

papier cuisson ou **papier aluminium**
Pour mettre dans les fonds des moules ou pour les papillotes.

Quel que soit l'ustensile, il te faudra le tour de main !

presse-ail

fouet
Une simple fourchette suffit
pour battre une omelette, mais pour
éviter les grumeaux dans les sauces et
faire monter la mayonnaise,
difficile de s'en passer...

moule à muffins

**piques
en bois**

balance
Si tu utilises une balance
à aiguilles, pense à
remettre l'aiguille sur le 0
avant de t'en servir pour
peser tes ingrédients.

batteur
Attention ! Ne touche
jamais un appareil électrique avec
des mains mouillées. Essuie-les
bien avant de t'en servir.

bol mixeur

mixeur

45

La cuisson

« Un poisson mal cuit est un poisson mort pour rien » (proverbe chinois). La cuisson est une affaire sérieuse… dont tu vas découvrir les mystères.

Le miracle de la cuisson

Ton gâteau cuit au four. Observe-le par la vitre : il gonfle progressivement, le dessus durcit, forme une croûte et dore. Quand tu ouvres la porte du four, un parfum délicieux s'en échappe… La pâte que tu as mise dans le moule il y a trois quarts d'heure a beaucoup changé, d'aspect et de goût ! Sous l'effet de la chaleur, elle a subi des réactions chimiques, et sa composition s'est modifiée : les millions de molécules qu'elle contient se sont agencées différemment.

Cuit, c'est meilleur !

Pourquoi s'embêter à cuire ? Pour certains produits, pas moyen de faire autrement : crus, ils sont carrément immangeables. Essaie donc la cuisse de poulet crue… L'amidon de la pomme de terre est indigeste tant qu'il n'est pas transformé par la cuisson. Le manioc, base de l'alimentation de beaucoup de pays africains, est un véritable poison s'il n'est pas longuement travaillé et chauffé.

La cuisson est surtout une affaire de précision…

Les progrès de la cuisson

Depuis qu'il maîtrise le feu, l'homme a imaginé de nombreuses méthodes pour faire chauffer ses aliments, et a inventé différents « outils » pour rendre la cuisson plus facile et plus efficace. Du fourneau à bois, on est passé à la cuisinière au charbon, mais à présent, c'est le gaz et l'électricité qui se disputent l'équipement des cuisines.

Au four

Chaque four est différent : avant de t'en servir, demande conseil à ceux qui l'utilisent tous les jours. Ils le connaissent et savent s'il cuit plus ou moins vite ou fort.

Gaz ou électricité ?

Avec la cuisinière au gaz, tu passes instantanément du feu le plus doux au feu le plus vif, et comme tu vois la flamme, tu la règles facilement. La bonne vieille plaque électrique en métal n'a pas cet avantage (attention : elle reste brûlante longtemps après que tu l'as coupée !), mais elle est idéale pour mijoter tout doucement. Avec les nouvelles technologies (halogène, induction...), il est maintenant aussi facile de cuisiner à l'électricité qu'au gaz. Question de goût... Mais le feu de bois a toujours ses partisans !

Le four à micro-ondes

Il réchauffe ton bol en une minute à peine ! Idéal pour faire fondre du chocolat, dégeler un plat surgelé, le micro-ondes est aussi parfait pour cuire le poisson, les légumes ou les ragoûts... N'utilise pas de plat ou de casserole en inox ou en aluminium, parce que le métal arrête les ondes, et vérifie que le récipient en plastique dont tu te sers supporte la chaleur.

Température	Thermostat	Chaleur	Aliments
100-120 °C	1	à peine tiède	meringues
120-140 °C	2	tiède	macarons
140-160 °C	3	très douce	flans, crèmes
160-180 °C	4	douce	ragoûts
180-200 °C	5	modérée	biscuits, flans,
200-220 °C	6	moyenne	gâteaux, soufflés
220-240 °C	7	assez chaude	tartes, poisson
240-260 °C	8	chaude	viande
260-280 °C	9	très chaude	grillades
280-300 °C	10	très vive	gratins

Séparer les blancs des jaunes est une opération délicate... qui nécessite un peu d'entraînement.

Les tours de main

Pour impressionner tes proches, il suffit de quelques gestes de « pro ». Avec un peu d'entraînement, c'est le succès assuré… pour tes recettes aussi !

Séparer le blanc du jaune

Attention à ne pas écraser l'œuf quand tu le casses !

1. Tape doucement la coquille sur le bord d'un bol. Avec tes pouces, tu ouvres l'œuf en deux au-dessus du bol, en laissant couler le blanc et en gardant le jaune dans une demi-coquille.

2. Tu passes délicatement le jaune d'une coquille dans l'autre (sans le crever !), jusqu'à ce que tout le blanc soit tombé dans le bol. Attention ! il ne faut pas de goutte de jaune dans les blancs, sinon ils risquent de ne pas « monter ».

Monter les blancs en neige

Et le sel !
Mets toujours une pincée de sel dans tes blancs avant de les battre. Ça aide !

Quand on bat très fort des blancs d'œufs, avec un fouet ou avec un batteur, ils commencent par mousser, puis la mousse durcit : on obtient alors des « blancs en neige ».

Étendre la pâte au rouleau

1. Saupoudre la table de farine.

2. Pose ta boule de pâte au milieu, écrase-la avec les mains, et saupoudre-la également de farine.

3. Avec le rouleau, aplatis la pâte dans toutes les directions.

4. Quand elle est bien ronde, enroule-la autour du rouleau et déroule-la à sa place dans le moule.

Le rouleau et la pâte font toujours bon ménage.

Pour beurrer un moule

Pour que ton plat ou ton moule n'attache pas, enduis-le de matière grasse, beurre, margarine ou huile (en t'aidant d'un papier absorbant).

Si c'est un moule à gâteau, tu peux, en plus, le saupoudrer de farine. Cela s'appelle « fariner » le moule.

Casserole à surveiller

Ça sent le roussi... Le fond de la casserole est en train de brûler ! Tout n'est pas perdu : verse ce qui n'est pas attaché dans une autre casserole, sans gratter le fond. Et continue ta cuisson à feu plus doux !

Démouler un gâteau

1. Quand ton gâteau a refroidi, passe la pointe d'un couteau tout autour pour qu'il se détache bien du bord.

2. Pose une assiette sur le moule et retourne le tout. Retire le moule.

3. Recommence la même opération avec un plat. Le gâteau est démoulé... et à l'endroit !

La déco, gourmandise des yeux

La cerise sur le gâteau : un détail qui change tout ! En soignant la présentation de tes plats, tu ajoutes le plaisir des yeux au plaisir du palais…

Pourquoi se casser la tête ?

L'aspect des plats a presque autant d'importance que leur goût. Tu en doutes ? Sais-tu que le plus banal des « hamburgers » fait l'objet d'une étude poussée pour que son apparence séduise le consommateur (la viande hachée doit dépasser du pain pour donner une impression d'abondance, la tranche de fromage doit fondre juste ce qu'il faut…). Si même les « fast-foods » font des efforts de présentation, tu peux en faire aussi, non ?

Des goûts et du bon goût

Il suffit souvent d'un peu de sens esthétique pour disposer joliment les ingrédients sur le plat ou sur l'assiette. D'une manière générale, essaie de ne pas entasser les ingrédients : il vaut mieux les disposer tout autour du plat que de les mélanger au milieu. À toi de jouer avec les formes et les couleurs !

Tout est beau !

Prends le plat le plus banal : saucisse – purée – petits pois. Si tu jettes le tout n'importe comment dans l'assiette, c'est plutôt moche. Mais si tu mets de la purée dans un bol que tu démoules au milieu de chaque assiette, si tu la saupoudres de paprika ou de persil haché, et que tu disposes la saucisse d'un côté et les petits pois de l'autre, tu verras tout de suite, à la mine gourmande de tes invités, que le plus plat des plats, le plus menu des menus peut aussi être une fête.

Une belle nappe en harmonie avec ton plat : un régal pour les yeux !

En couleurs

Pour les plats et les entrées froides, tu as tout ton temps pour raffiner la présentation. Pense aux crudités (rouge des radis ou des tomates cerises...), aux fines herbes (vert du persil, des feuilles d'estragon ou de la ciboulette sur le bord de l'assiette), aux poivrons rouges, jaunes ou verts, aux olives vertes ou noires, aux œufs durs émiettés à la fourchette (jaunes et blancs séparés).

Hérisson gourmand

Les amuse-gueule seront plus jolis et plus pratiques à picorer par les invités s'ils sont répartis dans plusieurs petites assiettes plutôt qu'entassées dans un grand plat. Et pourquoi ne pas les piquer sur des supports colorés : orange, pamplemousse, poivron, grosse tomate ou aubergine...

Crée un plat en glace

• **2 récipients en plastique**
• **des herbes de Provence**
• **des fleurs comestibles**
• **des rondelles de citron ou d'orange**

1. Dans l'évier, remplis au 3/4 d'eau un très grand bol en plastique ou en métal. Ajoute des herbes (laurier, persil, ciboulette, romarin, etc.), des fleurs comestibles (comme les soucis et les capucines), des rondelles d'orange, de citron.

2. Place un récipient plus petit dans le grand, en le lestant avec des cailloux ou des haricots secs pour qu'il s'enfonce... sans couler.

3. Répartis bien ton décor tout autour de ce second moule et mets l'ensemble au congélateur.

4. Le lendemain, démoule sous l'eau chaude. Tu verras ton décor apparaître en transparence au cœur de ta coupe en glace !

Génial pour présenter des crevettes, des langoustines ou une salade de fruits !

Pas besoin de surcharger le décor !

Crèmes de beauté !

Pour donner à un morceau de
tarte ou de gâteau un air de fête,
sers-le sur une assiette avec du
coulis de fruit ou de la crème
anglaise. Sur la crème anglaise,
tu peux faire une tache de coulis
de fruits rouges ou de confiture
de fraises (rendue liquide en la
diluant avec un peu d'eau chaude).
Avec le manche de la cuillère,
tire la tache dans la crème comme
les rayons d'un soleil. Une feuille
de menthe sur le bord de l'assiette
sera aussi très joli.

Les mots de la déco

Coulis : purée liquide à base de légumes ou de fruits
(tomates, fraises, abricots, etc.).

Crème fouettée : crème fraîche liquide battue pour être
épaissie. Un régal avec un peu de sucre !

Garniture : légumes qui accompagnent une viande.

Dorer : passer du jaune d'œuf sur une pâte avec un pinceau
pour qu'elle prenne une belle couleur dorée au four.

Givrer : tremper le bord des verres dans une soucoupe
remplie de jus de citron ou de sirop (menthe, grenadine,
orange), puis dans du sucre en poudre.

Glacer : couvrir le dessus
d'un gâteau d'un mélange de
5 cuillères à soupe de sucre
tamisé pour 1 blanc d'œuf.
Le glaçage peut être coloré
avec un colorant alimentaire.

Napper : recouvrir de sauce.

De sucre et d'art

Pour les desserts, l'imagination est au pouvoir. Les magasins regorgent de décors tout faits : dragées, perles et bonbons de toutes les couleurs, ombrelles chinoises, drapeaux, etc. Pas très original, mais effet garanti ! Avec une poche à douille remplie de crème fouettée, tu peux signer ton œuvre ou écrire un mot de circonstance, mais aussi donner libre cours à ta créativité.

La poche à douille permet de faire un bel effet avec la crème fouettée.

Utilise un pochoir

Avec le pochoir, tu peux faire des décors étonnants, sur les gâteaux ou sur l'assiette : de la simple étoile à la sorcière d'Halloween, en passant par les sapins et les cœurs…

1. Découpe le motif de ton choix dans une feuille de bristol, avec des ciseaux ou un cutter (pour les dessins symétriques, plie la feuille en deux).

2. Pose-le sur le gâteau ou sur le plat à décorer et saupoudre-le de sucre glace, de cannelle ou de cacao.

3. Pour un résultat parfait, sers-toi d'une petite passoire pour tamiser la poudre. Enlève le bristol… et admire ton œuvre !

Les épices sont les joyaux du cuisinier.

L'art de l'assaison

Une pincée d'épices, une poignée d'herbes... et tous les parfums du monde se donnent rendez-vous dans ton assiette ! Assaisonner un plat, c'est un geste magique : tu révèles des saveurs cachées, tu fais voyager les papilles...

nement

L'or blanc

Utile, le sel ? Indispensable, oui ! Le premier des condiments
a paru si précieux aux hommes qu'ils l'ont surnommé l'or blanc…

Une vie sans sel ?

Quand on parle de quelque chose sans intérêt,
on dit « sans sel ». Pour nous, humains, le sel
est vital ! Par chance, il présente l'avantage de
donner du goût à nos aliments ! Pendant
longtemps, il fut aussi l'un des seuls moyens pour
conserver la viande ou le poisson, car il freine
l'activité des bactéries. Il y en a plein les océans,
et même dans le sous-sol, là où existaient
d'anciennes mers.

Truc antihumidité

Jadis, les cristaux de sel s'agglutinaient avec l'humidité
et ne parvenaient plus à passer par les trous de la
salière. On y mettait donc des grains de riz, car le riz
absorbe l'humidité. Maintenant, la plupart des sels
sont traités avec des additifs antihumidité.

À consommer avec modération

Le sel règle l'équilibre des liquides
dans ton corps : quand il fait très
chaud ou que tu as fourni un effort,
tu as autant besoin de sel que
de boisson. Mais de nombreux
aliments sont déjà salés : le pain,
les boissons gazeuses, les fromages,
et même les pâtisseries ! Ce sel
« caché » représente les 3/4 de ta
consommation. Alors, n'en rajoute
pas trop ! Saler un plat, ça paraît
tout simple, mais c'est un art
difficile ! Vas-y doucement, parce
qu'il est plus facile de rajouter
du sel que d'en retirer…

La fleur de sel de l'île de Ré est très prisée des gastronomes.

L'eau de la mer Morte, en Israël, est près de dix fois plus salée que celle des océans.

D'où vient le sel ?

Le sel, ou chlorure de sodium, peut être extrait d'une mine. On l'appelle alors sel gemme. Le sel de mer serait meilleur pour la santé, car il contient des traces d'autres minéraux (magnésium, calcium...). Pour l'obtenir, on achemine l'eau de mer dans une succession de bassins, les marais salants, appelés aussi salins. L'eau s'évapore petit à petit, et le sel se dépose. On le récolte avec des machines. La fleur de sel – des flocons de sel qui « bourgeonnent » à la surface –, est ramassée à la main. Son goût est plus intense, et son prix, nettement plus élevé !

Que d'eau salée !

Les océans, qui couvrent les 3/4 de notre planète, contiennent en moyenne 35 g de sel par litre d'eau. La mer Morte, elle, en contient 275 g par litre ! Tu y flotterais sans effort... et sans bouée !

Fabrique de la pâte à sel

Elle ne se mange pas, elle se sculpte ! Comme décor de table, elle permet toutes les fantaisies…

1. Mélange 100 g de farine, 100 g de sel, 1 dl d'eau. Malaxe la pâte jusqu'à ce qu'elle soit souple.

2. Mets la pâte au moins 2 heures au four entre 75 et 110 °C / th 1. Puis décore-la.

Les couleurs vives des épices chauffent déjà l'ambiance...

La belle histoire des épices

Ouvrir une boîte à épices, c'est
comme ouvrir un coffre à trésor !
Pendant des siècles, les épices
furent aussi recherchées que l'or
ou les diamants…

Chaud ou froid ?

La chaleur développe les parfums et les
saveurs ; le froid fait l'effet inverse. Pense
donc à plus épicer et aromatiser les plats froids
que les plats chauds. C'est aussi valable pour
le sucre…

Jeu de mots

Épices, aromates ou condiments : quelle est
la différence ? Pas évident ! Ces produits
servent tous à la même chose : donner plus
de goût aux aliments. Les condiments,
comme la moutarde, relèvent. Les aromates,
comme le thym, la menthe ou le fenouil,
parfument. Les épices, comme la cannelle,
le poivre ou le curry parfument, relèvent…
bref, épicent ! Mais où classer la vanille ?

Le grand marché des épices

Chinois, Égyptiens, Romains les offrent
à leurs dieux, s'en servent pour parfumer leur
nourriture et leur corps, et même soigner des
maladies. Évidemment, les épices des pays
lointains sont plus appréciées que celles de
chez soi… Tout un trafic s'organise au fil
des siècles, et les précieuses épices voyagent
par bateau ou en caravane, au risque
des tempêtes et des attaques de brigands…

Voyage immobile

Sous forme de graines, de racines, d'écorces, de fleurs ou de fruits, les épices te font voyager par la magie de leur parfum... Tu en connais beaucoup : poivre, baies de genévrier (dans la choucroute), noix de muscade (dans la purée de pommes de terre), clous de girofle (dans le pot-au-feu), cannelle (sur la tarte aux pommes), vanille (dans la crème)... Mais il en existe bien d'autres !

En grains ou en poudre

Le poivre se met toujours en fin de cuisson, sinon il change de goût. Moulu, il perd vite son arôme. Il vaut donc mieux l'avoir en grains et le moudre avec le moulin à poivre selon tes besoins.

De toutes les couleurs

Poivre noir, blanc et vert proviennent de la même plante, le poivrier, une liane originaire d'Inde qui peut atteindre 10 m de long. Le poivre vert est fait à partir de baies fraîches. Le poivre noir, le plus piquant, est fait à partir de baies récoltées avant maturité et mises à sécher au soleil. Le poivre blanc, plus doux, est fait de graines mûres auxquelles on a enlevé l'enveloppe extérieure. Ce qu'on appelle « poivre rose », n'est pas du poivre... Pas plus que le « poivre de Cayenne », qui est en fait du piment rouge.

Dans le pain d'épices, il y a forcément des épices (gingembre, anis, cannelle...) et aussi du miel.

Le feu à la bouche

Le piment, originaire d'Amérique, appartient à la même famille que la tomate et la pomme de terre. Sa particularité : plus il est petit, plus il est redoutable ! Le piment oiseau antillais ou le pili-pili africain sont si forts qu'ils font pleurer ceux qui les coupent ! Certains pays en raffolent et ont inventé des sauces incendiaires comme l'harissa (tunisien) ou le chili (mexicain). Tu détestes ce qui pique ? Alors, tu es comme Pline, cet écrivain de la Rome antique, qui ne comprenait pas que les Romains adorent le poivre, cette satanée baie « qui brûle la langue, et coûte aussi cher que de l'or ! ».

Le paprika hongrois est fait de poivrons rouges réduits en poudre. Il est plus ou moins fort selon qu'il contient seulement la peau ou qu'on y rajoute les graines.

La cannelle est l'écorce séchée du cannelier. Tu la trouves généralement en poudre. Elle fait merveille dans les pâtisseries, mais on l'utilise parfois pour parfumer des plats salés.

La vanille, tu la connais bien, mais sais-tu que c'est le fruit séché d'une liane de la famille des orchidées, cultivée dans les pays tropicaux ? On la trouve en gousse, en poudre, liquide, ou mélangée à du sucre. La vanille synthétique, moins chère, est moins bonne !

Sucre vanillé

Pour faire du sucre vanillé maison, enfonce une gousse de vanille dans un pot de sucre en poudre que tu fermes bien.

Le clou de girofle est le bouton séché de la fleur du giroflier. Un peu piquant, il fut aussi apprécié que le poivre. Il parfume soupes, charcuterie et gâteaux...

La noix de muscade est l'amande du noyau du fruit du muscadier, un arbre originaire d'Indonésie. Elle parfume certains légumes mais aussi des desserts. Râpe-la au fur et à mesure, car moulue, elle perd vite son arôme.

La cardamome est une graine contenue dans une gousse de couleur verte, brune ou blanche. Elle est surtout employée en Inde, dont elle est originaire, et dans les pays nordiques. Douce, elle aromatise les desserts.

L'anis, tu l'as sûrement déjà goûté dans les bonbons et pâtisseries. Il aromatise gâteaux, pains, légumes et poissons, et il aide à digérer. Le vrai anis, l'anis vert, est la graine d'une plante méditerranéenne. L'anis étoilé, aussi appelé badiane, d'un goût plus prononcé, est la graine d'un arbre chinois, le badianier.

Des milliers de fleurs

Il faut 100 000 fleurs pour obtenir un demi-kilo de safran !

Le curry est un mélange de plusieurs épices (15 à 20 en moyenne). Typiquement indien, le curry est aussi utilisé par les Chinois. Il varie du doux au très piquant.

Le safran est la partie supérieure du pistil d'une espèce de crocus. Il est très rare et très cher ! Heureusement, une petite pincée suffit à parfumer le riz de la paella.

Le gingembre frais ressemble à une racine, mais c'est la tige souterraine d'une plante d'Asie. Il faut le peler avant de s'en servir. On le trouve aussi confit au sucre ou moulu.

Le cumin est la graine d'une plante méditerranéenne de la même famille que le fenouil. Alsaciens, Allemands, Arabes, Indiens et Mexicains s'en servent abondamment.

Le pain d'épices

- **250 g de miel**
- **300 g de farine**
- **1/8 de litre de lait**
- **1 œuf**
- **1 sachet de levure chimique**
- **1 cuillère à café bien remplie de 4 épices (mélange tout fait de noix de muscade, de cannelle, de clous de girofle et de gingembre) ou d'épices de ton choix**
- **zestes d'orange non traitée**

1. Dans un saladier, mélange la farine, les épices, les zestes et la levure.

2. Dans une casserole, fais fondre le miel dans le lait, à feu très doux. Ajoute ce « sirop » dans la farine, avec l'œuf entier. Remue jusqu'à obtenir une pâte bien lisse.

3. Préchauffe le four à 200 °C / th 6 (chaleur modérée). Beurre un moule à cake.

4. Verse ta pâte dedans et mets au four pendant une heure. Beurré ou non, ton pain d'épices sera parfait pour le petit-déjeuner ou le goûter, mais tu peux aussi le servir en dessert avec une crème anglaise.

Parfum d'herbes

Quelques herbes dans un plat, et c'est toute la cuisine
qui embaume… Découvre vite les vertus de ces plantes
dont aucun cuisinier ne peut se passer !

Herbes de Provence

Au rayon des épices, ce qu'on appelle « herbes
de Provence » est un mélange de thym, de sarriette,
de sauge, de romarin, de laurier, d'origan, et parfois
de graines de fenouil.

Couronnés d'herbes

Pour honorer les vainqueurs
des Jeux olympiques et les
héros, les Grecs les coiffaient
d'une couronne de laurier.
C'est l'origine des mots
« lauréat », et « baccalauréat »…

Le parfum de **la sarriette**
ressemble un peu à celui du thym.
On en met souvent dans
les légumes secs car on lui prête
des effets antigaz…

Une seule feuille de **laurier-
sauce** suffit à parfumer un plat.
Attention, ne confonds pas
avec les feuilles du laurier-rose
ou du laurier-cerise, qui sont
toxiques !

Le romarin, avec
ses feuilles en forme
d'aiguilles, est surtout
utilisé pour parfumer
les grillades.

L'origan est un cousin
sauvage de la marjolaine.
Les Italiens l'adorent
sur leurs pizzas.

Le thym. C'est l'herbe
de Provence par excellence.
Impossible de s'en passer dans
les ratatouilles ! En tisane, le thym
soigne la toux et les maux
de ventre.

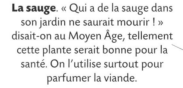

La sauge. « Qui a de la sauge dans
son jardin ne saurait mourir ! »
disait-on au Moyen Âge, tellement
cette plante serait bonne pour la
santé. On l'utilise surtout pour
parfumer la viande.

Le bouquet garni

Le « bouquet garni », dont on parle dans certaines recettes
est un « bouquet » formé d'une branche de thym,
d'une feuille de laurier et de quelques tiges de persil,
que tu attaches ensemble avec du fil alimentaire.
N'oublie pas de l'enlever quand ton plat est cuit.

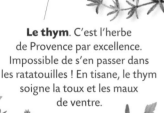

Cultive tes herbes

Pour avoir des herbes fraîches toute l'année, cultive-les toi-même ! Sème des graines dans un bon terreau ou procure-toi des jeunes plants. Installe-les en pots, ou dans une grande jardinière. La ciboulette, le thym, l'estragon vivent longtemps ; le persil et le basilic doivent être renouvelés chaque année.

Fines herbes

Qui porte ce joli nom ? Le persil, le cerfeuil, la ciboulette, l'estragon... De saveur délicate, ces herbes s'associent pour relever sauces, omelettes, salades...

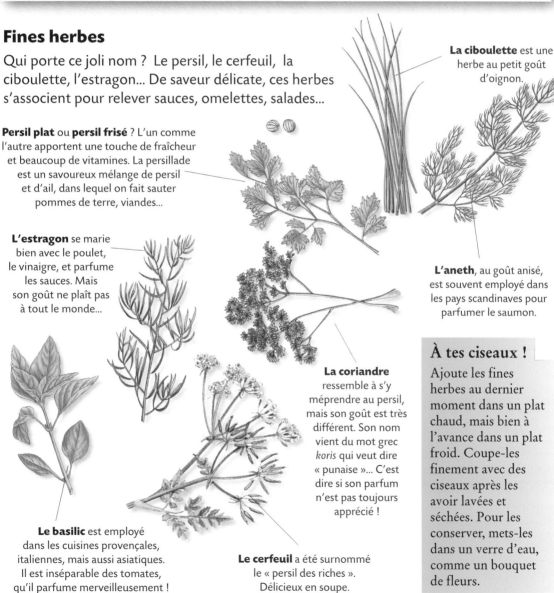

Persil plat ou **persil frisé** ? L'un comme l'autre apportent une touche de fraîcheur et beaucoup de vitamines. La persillade est un savoureux mélange de persil et d'ail, dans lequel on fait sauter pommes de terre, viandes...

L'estragon se marie bien avec le poulet, le vinaigre, et parfume les sauces. Mais son goût ne plaît pas à tout le monde...

Le basilic est employé dans les cuisines provençales, italiennes, mais aussi asiatiques. Il est inséparable des tomates, qu'il parfume merveilleusement !

La coriandre ressemble à s'y méprendre au persil, mais son goût est très différent. Son nom vient du mot grec *koris* qui veut dire « punaise »... C'est dire si son parfum n'est pas toujours apprécié !

Le cerfeuil a été surnommé le « persil des riches ». Délicieux en soupe.

La ciboulette est une herbe au petit goût d'oignon.

L'aneth, au goût anisé, est souvent employé dans les pays scandinaves pour parfumer le saumon.

À tes ciseaux !

Ajoute les fines herbes au dernier moment dans un plat chaud, mais bien à l'avance dans un plat froid. Coupe-les finement avec des ciseaux après les avoir lavées et séchées. Pour les conserver, mets-les dans un verre d'eau, comme un bouquet de fleurs.

63

L'huile essentielle

On ose la traiter de « matière grasse » ! Un peu de respect :
l'huile est un des produits les plus nobles de la cuisine.

Olives

Cacahuètes
(graines d'arachide)

Graines
de tournesol

Tournesol

Graines
de soja

Noix

Le bon choix

On fait de l'huile avec des fruits (olive, noix, noix de
coco...), des graines (tournesol, soja, arachide...) et
même – horreur ! –, avec des animaux (baleine, phoque,
morue...). Mais nous ne consommons que des huiles
végétales. Pour l'assaisonnement, on préfère les plus
parfumées. Pour la cuisson et la friture, il faut des huiles
qui supportent des températures élevées : huile
d'arachide, de pépins de raisins, d'olive... Les meilleures
pour la santé seraient l'huile de colza et l'huile d'olive.

Luxe contre raffinement

Les « huiles raffinées », celles qui ont subi le plus de
traitements, ne sont pas les plus... raffinées ! La meilleure
huile d'olive est encore fabriquée traditionnellement.
Les olives mûres sont broyées et réduites en pâte, puis
pressées sous des meules. L'huile obtenue est filtrée
et mise en bouteille : c'est « l'huile d'olive vierge de
première pression à froid ». Les olives peuvent aussi
être pressées à chaud, entre 80 et 100 °C, ce qui permet
d'obtenir davantage d'huile, mais moins savoureuse.

Mon pote le vinaigre

Le vinaigre est tout
simplement du « vin aigre ».
Mais il existe aussi du
vinaigre d'alcool et du
vinaigre de cidre. La
moutarde est un mélange de
vinaigre et de graines d'une
plante appelée moutarde.
Finement broyées, les graines
sont invisibles, sauf dans la
moutarde « à l'ancienne ».

Au beurre ou à l'huile ?

La graisse grésille dans la poêle. Devinette : est-ce du beurre, de la margarine, ou de l'huile ? Si tu habites une région du Nord, il y a beaucoup de chances que ce soit du beurre. Là où abondent les riches pâturages, la cuisine au beurre reste une tradition bien établie. Même si la margarine entre en concurrence. Dans les pays du Sud, c'est sans doute de l'huile d'olive !

La margarine a une valeur énergétique proche de celle du beurre, sauf si elle est allégée.

Aromatise ton vinaigre avec de l'estragon

Aromatise toi-même l'huile et le vinaigre. Tu donneras à tes salades et grillades un parfum original…

- 1 belle branche d'estragon
- 1 petite bouteille bien nettoyée (demi-bouteille de vin, flacon de ketchup…), équipée d'un bouchon
- 1 entonnoir

1. Fais bouillir le vinaigre dans une casserole en inox, avec 2 ou 3 branches d'estragon.

2. Laisse infuser une demi-heure. Enlève l'estragon, et verse le vinaigre dans la bouteille avec l'entonnoir.

3. Mets-y une branche fraîche d'estragon et referme.

Parfume ton huile

1. Choisis des aromates que tu aimes : basilic frais ou herbes de Provence, zestes de citron, ail épluché et écrasé, ou même petits piments si tu n'as pas peur des goûts « costauds ».

2. Mets-les dans la bouteille remplie d'huile d'olive. Une semaine de patience, et voilà !

Fais ta préparation en petite quantité et consomme-la rapidement : l'huile risque de rancir.

Rien de mieux pour accompagner des légumes crus qu'une sauce bien fraîche...

Mille et une sauces

Il y a les légères et les épaisses, les froides et les chaudes, les fortes et les douces… Tu n'as pas assez de doigts pour te les lécher !

Assaisonner la salade

Au Moyen Âge, on disait que pour bien assaisonner une salade, il fallait confier le sel à un sage, le poivre à un avare et l'huile à un dépensier ! N'oublie pas d'ajouter aussi un peu de vinaigre (on dit un « filet ») ou de jus de citron.
Pour rendre ta vinaigrette plus originale, tu peux te servir d'huiles et de vinaigres variés : huile de noix ou d'olive, vinaige de vin, de cidre ou de framboise, ou les aromatiser avec des herbes, de l'ail ou de l'oignon hachés.

Les mayonnaises « améliorées »

On peut varier la mayonnaise pour la marier avec des plats froids ou chauds, en y ajoutant :
- de l'ail pressé : ce n'est pas le vrai « aïoli » provençal (qui se fait sans œuf) mais c'est très bon et plus facile à réussir ;
- des fines herbes variées, du cresson haché très fin : cela fait des sauces vertes excellentes avec le poisson ;
- du concentré de tomate, un peu de sucre et (éventuellement) une goutte d'alcool (whisky) : c'est la « sauce cocktail », idéale avec des crevettes ;
- de la moutarde, des cornichons, des câpres, un œuf dur écrasé : c'est une « sauce rémoulade » à essayer avec des pommes de terre ou du céleri-rave ;
- du fromage blanc ou de la crème fouettée : un régal ! On peut aussi y ajouter des fines herbes.

La sauce au yaourt

Yaourt, jus de citron, moutarde, sel, poivre et fines herbes… Mélange le tout et sers avec des avocats, crudités, grillades ou pommes de terre au four. Excellent et diététique !

La vinaigrette sans moutarde

- **vinaigre, huile**
- **sel, poivre**

1. Mets 1 cuillère à soupe de vinaigre dans un bol, ajoutes-y 2 pincées de sel, le poivre et 5 cuillères à soupe d'huile.

2. Bats bien à la fourchette pour mélanger le gras de l'huile avec l'eau du vinaigre. C'est fait !

La vinaigrette avec moutarde

1. Commence par 1 cuillère à café de moutarde dans le fond du bol, 2 pincées de sel et le poivre.

2. Ajoute 5 à 6 cuillères à soupe d'huile petit à petit en battant avec une fourchette. C'est presque aussi épais qu'une mayonnaise ! Le vinaigre se met tout à la fin (une cuillère à soupe).

La mayonnaise maison

Quand tu auras fait toi-même ta mayonnaise, tu auras du mal à te contenter de celle en pot !

- **1 œuf**
- **1 cuillère à café de moutarde**
- **1 pincée de sel, poivre**
- **huile**

1. Pose ton bol sur une serviette pliée en quatre (ça lui évitera de trop bouger quand tu battras).

2. Mélange 1 jaune d'œuf, 1 cuillère à café de moutarde, 1 pincée de sel, du poivre, et attends quelques minutes.

3. Verse de l'huile goutte à goutte, tout en battant vigoureusement avec une fourchette ou avec un fouet. C'est plus facile à deux ! Plus tu ajoutes d'huile, plus ta mayonnaise devient dure. Magique… jusqu'à un certain point ! Au-delà de 2 dl d'huile, tout s'effondre !

Si ta mayonnaise est ratée

Tu peux rattraper le coup en recommençant avec un nouveau jaune d'œuf et en te servant du mélange raté comme si c'était de l'huile.

La sauce tomate

Pour 4 personnes

- • 1 cuillère à soupe d'huile (d'olive)
- • 1 oignon
- • 6 tomates moyennes bien mûres
- • 1 gousse d'ail
- • 1 pincée de thym
- • 1 feuille de laurier
- • 2 pincées de sel, poivre

1. Pèle les tomates (voir page 129) et coupe-les en morceaux.

2. Hache un oignon et fais-le cuire (les cuisiniers disent « revenir ») 10 minutes à feu doux dans une casserole avec l'huile et le thym.

Attention aux yeux, les oignons piquent !

3. Ajoute alors les tomates, la gousse d'ail, que tu écrases sous le fond d'un verre, et la feuille de laurier coupée en deux. Sale, poivre.

4. Mets un couvercle et fais mijoter à feu doux pendant 1/4 d'heure en remuant de temps en temps. Si tu vois que le fond commence à attacher, ajoute un peu d'eau.

5. Retire la feuille de laurier à la fin de la cuisson.

La sauce à l'eau

La plus simple des sauces est celle qu'on obtient en « déglaçant » le fond bien caramélisé du plat de viande rôtie (mais pas brûlée !) avec un petit peu d'eau. Tu remues en grattant bien avec la fourchette ou la cuillère. Tu ajoutes juste un peu de sel et de poivre si nécessaire. Quand on pense qu'il existe des préparations tellement compliquées alors qu'on peut faire si simple et si bon !

Risque d'explosion !

Attention à ne jamais ajouter de liquide froid (eau, vin, lait…) dans un plat en terre ou en verre quand il est dans le four ou qu'il en sort. La différence de température le ferait aussitôt éclater.

La sauce bolognaise

La « vraie » sauce à spaghettis ! C'est une sauce tomate normale, sauf que, juste avant de mettre les tomates, tu fais cuire, dans les oignons, 300 g de viande de bœuf hachée (pour 4 personnes). Sers à part les pâtes, la sauce, et du parmesan râpé. C'est plus joli que de tout mélanger !

La sauce béchamel

Pour 4 personnes

- **50 g de beurre**
- **40 g de farine**
- **1/2 litre de lait environ**
- **sel, poivre, noix de muscade**

1. Dans une plaquette de beurre, coupe une tranche de 2 cm d'épaisseur environ et fais-la fondre à feu doux dans une casserole.

Ne te trompe pas dans les mesures !

2. Ajoute 2 grosses cuillères à soupe de farine. Dès que le beurre et la farine sont bien mélangés, ajoute un peu de lait, et remue jusqu'à ce qu'il ait complètement disparu, absorbé par la farine.

3. Ajoute encore du lait, petit à petit, jusqu'à obtenir la consistance voulue : celle d'une belle crème blanche et onctueuse à laquelle tu ajouteras sel, poivre et muscade, à ton goût.

Servie avec des pâtes (gratinées au four, avec du fromage râpé, un délice !) ou sur des œufs durs, la béchamel doit être presque liquide pour ne pas « bétonner ». Avec un légume (endives, choux-fleurs), au contraire, elle doit être épaisse pour ne pas se dissoudre dans le jus.

Les béchamels « améliorées »

Comme la mayonnaise, la béchamel se prête à toutes les transformations :
- aux oignons (fais revenir d'abord les oignons à feu doux, puis ajoute le beurre, la farine, etc.) ;
- aux champignons (même principe qu'avec les oignons) ;
- au curry ;
- aux cornichons et/ou aux câpres ;
- au fromage (ajoute le fromage râpé à la fin) : étalée bien épaisse sur des toasts et dorée au four, c'est un régal !

Pour parfumer ta sauce béchamel, choisis plutôt du curry doux.

Sous cette forme, on les donnerait plutôt aux poules. Mais sous forme de gâteaux ou de spaghettis…

Les céréales

Il fut un temps où les hommes ne connaissaient pas les céréales...
Comment vivaient-ils sans pain, ni pâtes, ni riz ? Difficile à imaginer
pour toi, qui t'en régales à tous les repas ! Voici les secrets des petites
graines qui ont fait avancer l'humanité d'un pas de géant...

Généreuses graminées

Ça fait plus de 10 000 ans qu'elles nourrissent le monde,
et pas seulement au petit-déjeuner ! Les céréales, cultivées
et appréciées partout, sont vitales pour toute la planète.

Les premières cultures de blé sont apparues
au VIIIe millénaire av. J.-C., en Mésopotamie (Irak actuel).

Pour tous les goûts

Les céréales sont des graines comestibles :
blé, avoine, seigle, riz, maïs, millet... ,
produites par des plantes appartenant
à la vaste famille des graminées. Tu as sans
doute tes préférences. Tout comme le reste
du monde ! Les Asiatiques ne peuvent se
passer de riz ; les Américains consomment
beaucoup de maïs ; les Européens du
Nord et de l'Est aiment le goût particulier
du seigle et de l'avoine ; les Africains se
nourrissent surtout de millet et de sorgho.

Céréales à tout faire

Blé. Nom scientifique : *triticum*.
Hauteur : 60 cm à 1, 20 m.
Avoine. Tu manges peut-être des flocons
d'avoine au petit-déjeuner (*porridge*), comme
les Écossais. Mais les chevaux en raffolent aussi.
Seigle. On en fait un excellent pain, mais on
le donne surtout à manger aux animaux.
Orge. Cette céréale sert surtout à nourrir le
bétail. L'orge germée est employée pour la
préparation de bières et d'alcools (whisky).

blé tendre — avoine — seigle — orge — blé dur

Un air de famille

Les grains des céréales ont tous la même structure : une peau, dure et indigeste, des couches de son, une amande, riche en protéines et en glucides lents, et un germe, qui donnera une nouvelle plante. Vitamines (B et E) et minéraux (fer, phosphore, magnésium...) sont surtout concentrés dans le son et le germe. Seules les céréales « complètes » les conservent dans leur intégralité.

Tous cousins

On confond souvent le blé avec l'orge, le seigle, ou l'avoine, qui se ressemblent beaucoup. Pas de panique : toutes ces céréales sont comestibles !

Le mot « céréale » vient du latin *cerealis* : Cérès est la déesse romaine des moissons.

Les protéines des céréales

Les protéines des céréales ne peuvent remplacer celles de la viande ou des produits laitiers. Sauf si tu associes dans un même repas céréales et légumineuses (lentilles, haricots) ou céréales et fruits secs, car les protéines de ces aliments se complètent.

Ne pas confondre !

En Europe, le blé est souvent appelé froment. Le « blé noir », qui fait les bonnes crêpes bretonnes, n'est pas du blé ! C'est du sarrasin, qui fait partie d'une autre famille, celle des polygonacées.

Les exotiques

Le sorgho ou « gros mil »
Les Africains, les Indiens et les Chinois le mangent sous forme de farine, de semoule, de boissons alcoolisées...

Le millet est aussi appelé « petit mil ». Le millet a été une des céréales préférées des Européens jusqu'au Moyen Âge. Aujourd'hui, il reste un aliment de base en Afrique et en Asie.

Le quinoa
La graine sacrée des Incas ! Cette plante – qui appartient à la famille de l'épinard – est très nutritive et résiste à des climats extrêmes.

Du blé à la farine

Connais-tu vraiment bien le blé ? Le blé moissonné
sous le soleil d'été... Le blé dont on fait la farine...
La plus vieille céréale connue a de quoi t'étonner !

La céréale de tous les records

C'est la céréale la plus ancienne
– les hommes la cultivaient il y
a plus de 12 000 ans –, et la plus
consommée dans le monde.
Le blé, qui a permis aux hommes
de survivre depuis des millénaires,
reste encore l'aliment de base pour
un tiers de la population mondiale !
Chaque civilisation, chaque région
a ses spécialités à base de blé.
Les premiers boulangers furent sans
doute les Égyptiens : ils fabriquaient
des dizaines de sortes de pains
différents.

Au cœur du blé

L'épi du blé est formé de plusieurs groupes de
fleurs superposés, les épillets. Ils se composent
de 3 à 5 fleurs. Après fécondation, chaque fleur
donne un grain. Un épi produit ainsi 45 à 60 grains.
Le grain est entouré d'une écorce, la balle, qu'on
ne mange pas. Il comprend une amande, appelée
l'endosperme. Une couche fibreuse recouvre
l'amande, c'est le son de blé. À la base du grain se
trouve le germe, riche en éléments nutritifs. Le grain
de blé contient surtout de l'amidon et du gluten,
deux sortes de sucres.

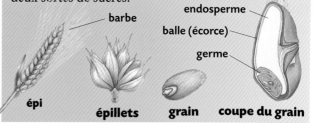

barbe — endosperme — balle (écorce) — germe — épi — épillets — grain — coupe du grain

Deux mille ans av. J.-C., les Égyptiens fabriquaient déjà du pain non-levé.

Pas d'été à la campagne sans champs qui dorent au soleil ! Profites-en pour observer du blé...

Dur ou tendre ?

Il existe deux grandes sortes de blé : le blé dur et le blé tendre. En France, on produit surtout du blé tendre, celui qui sert à faire du pain et des gâteaux. Avec le blé dur, on fait les pâtes et le couscous. Mais des milliers de variétés sont cultivées dans le monde ! Semé en automne (on l'appelle alors blé d'hiver !) ou au printemps, le blé est toujours moissonné l'été. Dans certains pays, la moisson est encore faite à la faucille. Chez nous, d'immenses machines, les moissonneuses-batteuses, sillonnent les champs.

Les différentes farines

La farine entière est faite à partir du grain de blé entier : elle a conservé le son et le germe (l'enveloppe extérieure du grain, coriace, est toujours ôtée). Plus nutritive, elle est moins facile à digérer. La farine la plus blanche, appelée farine « fleur », est faite de l'amande du blé. L'appellation chiffrée que tu vois sur les paquets de farine te renseigne sur la pureté de la farine. La farine « type 55 » sert à faire du pain. La « type 45 », plus blanche, sert plutôt à la pâtisserie.

Les moissonneuses-batteuses font tout à la fois : la coupe du blé, le battage, le nettoyage, l'ensachage du grain, et le liage de la paille en bottes ou le pressage en balles.

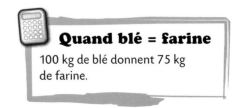

Quand blé = farine

100 kg de blé donnent 75 kg de farine.

75

Les mains à la pâte

Tu adores remuer, triturer, malaxer, pétrir ? Tu vas être à la fête ! Tu ne sais pas ce qu'est le vrai goût d'une tarte ou d'une pizza, tant que tu n'as pas fait la pâte toi-même !

Le pain quotidien

Dans les pays orientaux, le pain ressemble à des galettes plates. Chez nous, il est « levé » : la mie est aérée et présente des trous. Le pain fournit des sucres lents (amidon) qui donnent de l'énergie, des protéines, des vitamines et des sels minéraux (phosphore, fer, potassium).

Important...

Pour faire ton pain toi-même, l'ingrédient le plus important, c'est le temps...
Avant de commencer à malaxer la pâte, n'oublie pas de te laver les mains.

Il existe de nombreuses variétés et formes de pains...

La pâte à brioche existait déjà au Moyen Âge.

Levure ou levain ?

La levure est un champignon microscopique qui transforme l'amidon de la farine en alcool et en acide carbonique. Cette fermentation produit des bulles qui font lever le pain. Beaucoup de boulangers n'utilisent pas directement la levure. Ils confectionnent un levain, mélange d'un agent fermentant, de farine, d'eau, qu'ils laissent reposer plusieurs jours.

La pâte à pain

Pour une grosse miche ou 2 pains

Le pain « à l'ancienne » se fait au levain. Mais tu peux en faire de l'excellent, en utilisant des levures de boulangerie sèches. Quand tu seras un expert, essaie avec d'autres farines ou en ajoutant noix, olives ou lardons à ta pâte.

- **500 g de farine « type 65 »,
  de préférence biologique**
  - **2 sachets de levure de
    boulangerie en poudre**
  - **2 cuillères à café
    de sel fin**
  - **3 dl d'eau tiède**

1. Dans un récipient, mélange farine, levure et sel. Ajoute l'eau petit à petit jusqu'à former une pâte qui ne colle plus aux doigts. Pose la boule de pâte sur ton plan de travail saupoudré de farine et pétris-la pendant 10 minutes.

2. Mets-la dans un récipient, couvre-la d'un linge humide et laisse-la reposer à une température de 22 à 25 °C (pose le récipient sur une planche, au-dessus d'un radiateur, s'il fait trop froid).

3. Une heure ou deux plus tard, la pâte a doublé de volume. Retravaille-la légèrement pour chasser les bulles de fermentation, et donne-lui la forme que tu souhaites.

4. Dispose ton (ou tes) pain(s) sur la plaque huilée du four et laisse à nouveau doubler de volume (au moins une heure, toujours sous un linge, entre 22 et 25 °C).

5. Dans le four, mets un récipient sans couvercle rempli d'eau chaude pour humidifier l'air de cuisson et préchauffe à 230 °C / th 7. Donne quelques coups de couteau sur le dessus du pain, mouille-le avec un pinceau, puis enfourne.

Temps de cuisson :

- miche 500 g = 3/4 d'heure à 1 heure
- pain rond 250 g = 1/2 heure
- tresse 500 g = 1/2 heure
- petits pains 50 g = 20 minutes

Jeux de formes

Les boules s'entaillent en losanges, les baguettes en traits parallèles. Le couteau, bien tranchant, doit s'enfoncer d'un bon centimètre.

La tresse se fait à partir de trois boudins que tu roules dans les paumes pour les amincir. Commence ta tresse à partir du milieu et continue vers les extrémités.

La couronne se fait à partir d'un seul long boudin dont tu assembles les deux bouts. Entaille avec des ciseaux, en guirlande.

Pas de repas de fête sans pain !

Tables de fêtes

Les petits pains maison pour chaque convive, c'est déjà la classe ! Mais si tu varies les formes, escargots, tortillons, trèfles..., ça devient du grand art. Mets-les en forme juste avant la deuxième fermentation. Avant d'enfourner, saupoudre-les de farine, pour leur donner un aspect « rustique », ou passe-les au jaune d'œuf avec un pinceau pour les dorer. Tu peux aussi parsemer la surface de graines d'anis, de pavot, de tournesol ou de cumin, ou de morceaux de noix...

Le pain perdu

Le pain de mie commence à sécher ?
Il n'est pas perdu… ou plutôt si !
Mais de délicieuse manière…

- **2 œufs**
- **1/3 de litre de lait**
- **2 cuillères à soupe de sucre vanillé**
- **2 pincées de cannelle**
- **8 tranches de pain de mie ou de pain rassis (aux raisins, c'est encore meilleur…) ou même de pain d'épices**
- **1 cuillère à soupe de beurre**
- **2 cuillères à soupe d'huile**

1. Bats les œufs, le sucre et le lait (avec un peu de cannelle, si tu l'aimes) dans une assiette à soupe. Trempe une tranche jusqu'à ce qu'elle soit bien imbibée (plus ton pain est dur, plus il doit tremper).

Tu peux agrémenter ton pain perdu avec des fruits rouges.

2. Mets la matière grasse dans la poêle et fais dorer des deux côtés autant de tranches de pain qu'il en rentre dans ta poêle, à feu moyen. Recommence l'opération avec le reste du pain.

3. Sers nature, saupoudré de sucre, ou tartiné de miel ou de confiture.

La pâte à pizza

- **250 g de farine blanche « type 55 »**
- **1 sachet de levure de boulangerie**
- **1 cuillère à café de sel**
- **12 cl d'eau tiède**
- **1 cuillère à soupe d'huile d'olive**

1. C'est presque une pâte à pain : mélange farine, sel et levure dans un récipient, incorpore l'eau tiède et pétris 5 minutes.

Pour enfourner ta pizza, tu peux utiliser une pelle en bois.

2. Ajoute alors l'huile, et pétris encore 10 minutes. Laisse reposer à 22/25 °C, jusqu'à ce que la pâte ait doublé de volume (voir pâte à pain, page 77).

3. Écrase la pâte avec les mains et étire-la en forme de disque avec un rouleau à pâtisserie. Pose-la sur la plaque du four huilée et garnis-la.

4. Saupoudre d'origan, de basilic ou de persil haché. Sale, poivre, puis mets 20 à 25 minutes dans un four préchauffé à 250 °C / th 8.

Pauvre pizza

De spécialité italienne, la pizza est devenue une vedette internationale de fast-food. Avec sa pâte industrielle, sa triste garniture fraîchement sortie de la boîte, la voici emballée sous vide ou surgelée… pour finir ramollie dans un micro-ondes. Même les bonnes pizzerias deviennent rares ! Si tu veux goûter aux délices de la vraie pizza, le mieux est encore de la faire toi-même !

La garniture

La base de la garniture de la pizza, c'est la tomate, à disposer en rondelles ou à napper en sauce. Les ingrédients les plus utilisés sont le fromage (mozzarella…), les olives, le jambon, les cœurs d'artichaut, les câpres, les œufs (entiers crus), mais rien ne t'empêche d'en combiner d'autres.

Pâte sablée ou pâte brisée ?

Entre les deux, ta gourmandise balance ? Alors, sache que la pâte sablée est idéale pour les tartes aux fruits frais... mais que pour les tartes aux pommes, c'est la pâte brisée qui s'impose !

Pour garnir ta pâte, tu n'as que l'embarras du choix ! Raisins, fraises, franboises, mûres...

La pâte brisée

- **250 g de farine**
- **125 g de beurre mou**
- **1 pincée de sel (pour tarte sucrée)** ou **2 pincées (pour tarte salée)**
- **1 œuf**

1. Verse la farine et le sel dans un récipient, ajoute le beurre (en petits morceaux, s'il n'est pas assez mou) et casse l'œuf.

2. Mélange l'œuf avec une cuillère, puis retrousse tes manches.

3. Plonge à deux mains dans la farine et malaxe avec les doigts jusqu'à ce que le tout forme une boule élastique. Ensuite, tu n'as plus qu'à la rouler et à la mettre dans un moule.

Le bon dosage

Si la pâte est cassante, ajoute une ou deux cuillères à soupe d'eau. Si elle devient collante, remets un peu de farine.

La quiche lorraine

- **1 pâte brisée salée**
- **3 œufs**
- **15 cl de crème fraîche**
- **15 cl de lait**
- **150 g de lard fumé**
- **200 g de gruyère**

1. Préchauffe le four à 230 °C / th 7. Roule la pâte et mets-la dans le moule en la laissant dépasser.

2. Coupe le lard et le gruyère en petits dés.

3. Casse les œufs dans un récipient et bats-les comme pour faire une omelette.

4. Ajoute les autres ingrédients, du poivre, très peu de sel, et mélange le tout avant de le verser sur la pâte.

5. Replie doucement la pâte qui dépasse du moule vers l'intérieur. Mets au four pendant 30 à 35 minutes (il faut que ce soit bien doré).

La pâte sablée

• **250 g de farine**
• **125 g de sucre**
• **125 g de beurre mou**
• **1 pincée de sel**
• **1 œuf**

1. Avec une fourchette, bats ensemble le sucre, et l'œuf. Quand le mélange devient lisse et blanchâtre, retrousse tes manches et ajoute la farine.

2. Remue du bout des doigts jusqu'à obtenir une sorte de « sable » granuleux. C'est ce sable que tu vas malaxer avec le beurre jusqu'à ce que le tout se transforme en une belle boule lisse, qui ne colle plus aux doigts.

3. Préchauffe le four à 230 °C / th 7. Roule ta pâte et mets-la dans un moule.

4. Fais cuire ton fond de tarte pendant 25 minutes. (Les bords doivent commencer à dorer.) Puis garnis-le de fruits (fraises, framboises...).

Un fond bien lesté

Pour que le fond ne se déforme pas à la chaleur, recouvre-le avec une feuille de papier cuisson lestée d'un bon poids de riz ou de légumes secs.

Les biscuits sablés

• **1 pâte sablée**
• **farine**

MATÉRIEL
• **verre ou emporte-pièce**

1. Saupoudre de farine ton plan de travail et roule ta pâte en forme de galette d'1 cm d'épaisseur.

2. Préchauffe le four à 230 °C / th 7. Enfonce un verre pas trop large dans la pâte pour découper des ronds que tu disposes directement sur la plaque à pâtisserie du four.

3. Il existe des emporte-pièce en forme d'étoile, de lune, etc. Tu peux aussi emprunter la panoplie de moules à pâtés de sable d'un petit frère ou d'une petite sœur, en les nettoyant bien. Mais ne t'en sers pas comme moules à mettre au four !

4. 10 à12 minutes au four, et quelques minutes de patience pour ne pas te brûler les doigts...

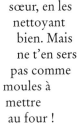

Coquillettes, farfalles, tortellinis, spaghettis, pennes... en tas !

Le royaume des pâtes

Merveille, elles plaisent à tous ! Aux petits et aux grands, aux chipoteurs et aux gloutons, aux paresseux et aux sportifs... et même aux cuisiniers. Car les pâtes sont faciles à préparer, pas chères et drôlement bonnes !

Les formes... et la forme

Pour mieux t'ouvrir l'appétit, elles prennent toutes les formes : coquillages, cheveux d'ange, papillons, étoiles, rubans, nids... Elles se colorent et se farcissent. Il n'y a pas qu'en Italie qu'on les adore... Beaucoup de pays les ont mises à leur menu ! Quant aux sportifs, ils s'en gavent avant chaque compétition, car ils savent qu'elles donnent de l'énergie longue durée.

Querelle de pâtes

Les spécialistes des pâtes sont les Italiens. Ils nous ont donné les mots pour les appeler, et les recettes pour les préparer. Mais en sont-ils les « inventeurs » ? Les Chinois, aussi, en réclament la paternité. Tout ce dont on est sûr, c'est que la première fabrique de pâtes italiennes date du XVe siècle.

 ### Combien par an ?

Les Italiens mangent 25 kilos de pâtes par an et par personne. Soit 3 à 6 fois plus que les autres Européens.

Des farines et des pâtes

Les pâtes alimentaires doivent leur nom au fait qu'elles sont fabriquées à base... de pâte : un mélange de semoule de blé dur ou de farine de blé, et d'eau, auquel on ajoute parfois des œufs. Les pâtes italiennes sont toujours à base de blé dur ; les pâtes asiatiques peuvent être préparées à partir de farine de riz, de soja ou de haricots.

Comment manger les spaghettis ?

Les impatients les coupent à grands coups de couteau : un véritable scandale pour les Italiens ! La technique officielle consiste à enrouler les spaghettis dans un mouvement tournant de la fourchette. Certains Italiens s'aident d'une cuillère, au creux de laquelle les pâtes s'enroulent mieux.

À chacun sa technique pour manger les tagliatelles !

Apprends à cuire les pâtes !

Pas si facile ! Pour un plat principal, il faut compter 100 à 125 g de pâtes sèches par personne.

1. Dans une très grande casserole, fais bouillir un litre d'eau salée par 100 g de pâtes.

2. Mets tes pâtes dans l'eau quand elle bout à gros bouillons.

3. Remue-les avec une cuillère en bois dès que l'ébullition reprend. Ne mets pas de couvercle, sinon ça déborde ! Le temps de cuisson est indiqué sur la boîte, mais l'important est que les pâtes soient *al dente* (un peu fermes sous la dent).

4. N'hésite pas à les goûter. Il vaut mieux arrêter la cuisson trop tôt que trop tard, car les pâtes se ramollissent encore un peu après avoir été égouttées.

5. Fais-toi aider par un adulte pour les verser dans une passoire, dans l'évier.

Les pâtes fraiches, à consommer rapidement, cuisent plus vite que les pâtes sèches.

Tes pâtes à toi

Il n'y a pas que les classiques
« jambon-fromage » ou
« tomates-viande » dans la vie !
Les pâtes peuvent être mises
à toutes les sauces. Et tu peux
même les fabriquer toi-même…

Pratique, la machine à faire les pâtes !

La pâte des pâtes

À partir de cette pâte, tu peux faire
toutes sortes de pâtes !

 • **400 g de farine** • **4 œufs**
• **1 cuillère à soupe d'huile**

1. Verse la farine dans un récipient, puis
ajoute les œufs, l'huile et une pincée de sel.

2. Mélange avec une cuillère en bois. Farine
ton plan de travail et dépose la pâte en t'aidant
d'une spatule. Pétris-la 10 minutes jusqu'à
en faire une boule élastique. Si elle est trop
collante, ajoute de la farine !

3. Mets-la au frigo 1/2 heure, emballée dans un
plastique transparent. Sur le plan de travail fariné
(attention, tu auras besoin de beaucoup
de place !), étale la pâte au rouleau pour
obtenir un grand ovale d'1,5 mm
d'épaisseur environ.

Et pourquoi pas en salade ?

Froides, les pâtes se marient avec tous les ingrédients
d'une bonne salade. Assaisonne avec du citron et de
l'huile d'olive ou de la mayonnaise à l'ail.

Découper la pâte

C'est assez facile de couper des lasagnes en
rectangles de 6 cm sur 12 environ. (N'appuie
pas trop avec le couteau :
attention à la table !)
Mais comment découper
les étroites tagliatelles ?
Il y a un truc ! Il faut
saupoudrer de farine
ton ovale de pâte, puis
l'enrouler sur lui-même,
très serré et enfin
découper le cylindre obtenu en
tronçons de 3 à 5 mm de large.
Il n'y a plus qu'à les dérouler
pour obtenir de superbes tagliatelles…
ou de spectaculaires papardelles,
grâce à des tronçons plus larges (2 cm).

pâte
enroulée sur
elle-même

tronçon
de 3 à 5 mm de large

Les sauces

Les pâtes fraîches sont tellement bonnes
qu'elles peuvent se contenter de petits
morceaux de beurre pour tout
accompagnement. Mais le goût délicat
des pâtes peut servir de support à une
infinité de préparations.

Les spaghettis à la carbonara

Ingrédients pour 400 à 500 g de spaghettis

- **250 g de lard fumé en petits dés**
- **2 œufs**
- **20 cl de crème liquide**
- **2 cuillères à soupe d'huile d'olive**
- **2 gousses d'ail pressées**
- **2 cuillères à soupe de persil haché**
- **parmesan râpé**

1. Fais cuire tes spaghettis (voir la cuisson page 83). Bats les œufs et la crème dans un bol. Poivre bien. Prépare le persil, les petits dés de lard, l'ail.

Tu peux aussi utiliser des tagliatelles...

2. Quand les spaghettis sont égouttés, verse l'huile dans la même casserole et fais cuire les lardons à feu doux. Ajoute l'ail pressé, le persil, remue puis verse les spaghettis.

3. Réchauffe quelques secondes les spaghettis à feu vif en remuant vivement, puis retire la casserole du feu et verse le mélange crème-œufs sans cesser de remuer. Le mélange épaissit à la chaleur, mais il tournerait si la casserole restait sur le feu ! Vérifie le sel et le poivre, et sers avec le parmesan à part.

Le pesto

Les pâtes *al pesto* sont délicieuses et pratiques, car le pesto peut se conserver plusieurs semaines pour un festin improvisé.

- **100 g de pignons**
- **250 g de parmesan râpé**
- **1 gros bouquet de basilic**
- **1 ou 2 gousses d'ail**
- **10 cl d'huile d'olive**

MATÉRIEL
- **un robot mixeur ou un hachoir à persil**

1. Il suffit de hacher tous les ingrédients le plus finement possible, de les mélanger et de les malaxer avec l'huile.

2. Tu peux utiliser ton pesto tout de suite ou le garder au frigo (bien emballé, il se conserve une quinzaine de jours). Quand tu fais des pâtes, il te suffit d'en prélever la valeur d'un petit œuf par personne.

3. Tu le fais réchauffer dans une casserole en y ajoutant de l'eau de cuisson de tes pâtes, jusqu'à ce qu'il prenne une belle consistance crémeuse.

4. Tu sales, tu poivres et tu ajoutes aux pâtes.

Riz sacré

Pas besoin d'être un Chinois pour l'apprécier, même si c'est un aliment toujours vénéré au pays de ses ancêtres. Incollable ou gluant, sucré ou salé, le riz nourrit une bonne moitié des habitants de la Terre…

Riz de Chine...

C'est sans doute en Asie que le riz est né, et il reste encore l'aliment-roi dans ce continent ! On le cultivait déjà en Chine il y a 6 000 ans. Dans certaines langues orientales, on emploie le même mot pour dire riz et nourriture ! Pour les Chinois, tout autre aliment n'est qu'un accompagnement ! Aujourd'hui, on le cultive en Europe (Camargue, Italie…), en Amérique, en Afrique, mais 94 % des récoltes proviennent d'Asie.

Du riz au grain

Nom scientifique : *oryza sativa*.

Cette plante annuelle semi-aquatique pousse en climat chaud et humide. Ses tiges se terminent par une grappe de 50 à 300 fleurs ou « épillets », qui donneront les grains.

Le grain de riz est entouré d'une écorce dure, la balle. Il doit être décortiqué pour être mangé. Le riz brun, dit « complet », garde une partie de son écorce : ses vitamines (groupe B) et ses sels minéraux sont préservés ; le riz blanc, qui a subi plus de transformations, en a perdu une partie.

Le riz pousse les pieds dans l'eau, dans des rizières inondées une grande partie de l'année.
De la qualité de l'irrigation dépend la récolte. Ainsi, dans certains pays, on fait 3 ou 4 récoltes par an.

86

Le riz est universel. Il peut accompagner un grand nombre de plats.

Les secrets de la cuisson

Le riz gonfle énormément à la cuisson. Il faut donc compter un petit verre à moutarde de riz par personne. Le riz à long grain « normal » est cuit, comme les pâtes, dans une grande quantité d'eau bouillante salée (une douzaine de minutes environ), puis égoutté. Tu peux aussi le faire revenir dans un peu d'huile, puis lui ajouter deux fois et demie son volume d'eau et cuire à feu moyen, jusqu'à absorption complète du liquide.

Riz... et riz

Le riz rond est parfait pour le risotto. On le fait revenir dans l'huile, avec des légumes, et on y ajoute progressivement du bouillon jusqu'à ce qu'il atteigne la bonne consistance. Il vaut mieux rincer le riz basmati – *basmati* veut dire « reine du riz », c'est un riz indien très parfumé – pour lui ôter son amidon ; on le cuit ensuite à feu très doux dans une fois et demie son volume d'eau froide.

Quelle variété !

8 000, c'est le nombre de variétés différentes de riz.

Courts ou longs

Les variétés de riz sont classées selon la longueur de leur grain : 4 à 5 mm, c'est du riz à grain rond (il colle après cuisson car il contient plus d'amidon…) ; 5 à 6 mm, c'est du riz à grain demi-long ; 6 mm et plus, c'est du riz à grain long. Plus coûteux, il est léger et se détache facilement.

Cuisine le riz

Quel pays n'a pas « sa » recette de riz ? Si tu voulais
toutes les goûter, il te faudrait faire le tour de la Terre !
En attendant, en voici quelques-unes,
de chez nous et d'ailleurs…

La paella à ta façon

Même les Espagnols ne sont pas d'accord
entre eux sur sa composition. Alors vive
l'improvisation ! La paella permet de mêler
viande et poisson : ne t'en prive pas !

Ingrédients pour 4

 •**200 g de riz rond**
•**15 cl d'huile d'olive**
•**2 doses de safran**
•**3 gousses d'ail**
•**1/2 l d'eau**
•**ingrédients au choix :**

LÉGUMES :
•**poivrons, haricots verts, carottes
en bâtonnets, champignons coupés,
oignon haché, petits pois, etc.**

VIANDE :
•**morceaux de saucisses, de côtes de porc,
de poulet, de lapin, tranches de chorizo…**

PRODUITS DE LA MER :
•**filets de poisson, moules et autres
coquillages (nettoyés), crevettes, gambas,
langoustines…**

MATÉRIEL
•**une poêle à paella ou une très grande
sauteuse**

1. Prépare tous les ingrédients que tu as choisis,
découpés, et garde-les à portée de main.

2. Fais chauffer ta poêle à feu moyen et fais
revenir les légumes dans l'huile d'olive.

3. Ajoute l'ail écrasé sous un verre,
la viande, puis, quand tout est doré,
le riz. Remue le tout et verse la moitié
de ton eau, une cuillère à soupe de sel,
le poivre et le safran.

4. Au fur et à mesure que le liquide est
absorbé, ajoute de l'eau… jusqu'à ce
que le riz commence à être tendre.
C'est au tour des petits pois et des produits
de la mer. Dès que les coquillages sont
bien ouverts et que le poisson se défait,
c'est prêt.

Riz en salade

Il te reste du riz ? Sers-le en salade. La salade
niçoise est très connue (riz, olives noires,
tomates et poivrons émincés, anchois, œufs
durs, huile d'olive, citron), mais tu peux aussi
improviser avec laitue, jambon, fromage en dés,
fenouil, champignons crus, maïs en grains…

Le riz « cantonais »

Ingrédients pour 4

- **150 g de riz à grains longs**
- **4 œufs**
- **1 petite boîte de petits pois**
- **200 g de jambon d'York (tranche épaisse)**
- **25 g de beurre**

1. Fais cuire le riz dans une grande quantité d'eau bouillante salée pendant une dizaine de minutes.

2. Quand il est presque cuit, casse les œufs dans une assiette creuse et brouille-les avec une fourchette (sans les battre).

3. Coupe le jambon en dés et fais-le dorer dans une sauteuse, avec un peu d'huile. Ajoute les petits pois égouttés. Verse les œufs. Remue le tout avec une cuillère en bois

jusqu'à ce que les œufs soient cuits.

4. Égoutte le riz, et remets-le dans la casserole de cuisson avec le beurre. Ajoute ta préparation et mélange bien.

5. Sers sur un plat ou dans des bols chinois, et décore avec du persil.

C'est meilleur avec des petits pois frais ou surgelés. Tu peux remplacer le jambon par des crevettes.

Le riz au lait

Ingrédients pour 4

- **100 g de riz rond**
- **65 cl de lait**
- **80 g de sucre vanillé « maison »**
ou 70 g de sucre et 2 sachets de sucre vanillé
- **1 pincée de sel**
- **1 cuillère à soupe rase de Maïzena**
- **1 orange non traitée**
MATÉRIEL
- **râpe ou couteau économe**

1. Fais cuire le riz cinq minute à l'eau bouillante. Égoutte-le bien. Fais chauffer le lait à feu doux dans une casserole (sauf la valeur d'un demi-verre que tu gardes pour la fin), avec le sel et le sucre. Râpe un peu de pelure d'orange dans le lait.

Décore ton riz au lait avec des amandes et des grains de grenade.

2. Ajoute le riz et laisse cuire doucement pendant 20 minutes. Remue de temps en temps et surveille surtout que ça ne déborde pas ! Casserole hors du feu, laisse gonfler le riz une demi-heure, avec un couvercle.

3. Mélange la Maïzena dans le demi-verre de lait restant, verse-la dans le riz et refais cuire cinq minutes à feu moyen, en remuant. À servir tiède ou froid.

Maïs doré

En flocons ou soufflé, le maïs croque gaiement sous ta dent. Couleur dorée, goût sucré, les Aztèques l'adoraient… bien avant l'invention du pop-corn !

Fêtes de maïs

Les rongeurs… et les gourmands l'adorent ! Le maïs, que tu achètes en épis tout frais, est délicieux simplement cuit à l'eau, salé et beurré. Les Québécois, qui l'appellent épinette ou blé d'Inde, organisent des fêtes où ils en dévorent de grandes quantités, grillés au feu de bois.

Le pop-corn est prêt quand tous les grains ont éclaté !

Le maïs s'éclate !

Le pop-corn, tu en grignotes de pleins cornets dans les salles obscures… Chauffé vivement, le « maïs à éclater » gonfle et saute en faisant « pop ! »… Le « maïs sucré », tu le trouves parfois frais en appétissants épis jaunes, mais le plus souvent en conserve. Le maïs est la seule céréale d'origine américaine. Aztèques et Incas la cultivaient bien avant l'arrivée des Espagnols : des épis de maïs vieux de 7 000 ans, restes d'un lointain repas, ont été retrouvés.

Le maïs en épis peut aussi se faire griller.

Drôle de plante !

Le maïs porte des fleurs mâles et femelles. La pollinisation se fait à partir de longs fils, appelés « soies de maïs », reliés aux fleurs qui deviendront des grains. L'épi, de 15 à 30 cm de long, porte 750 à 1 000 grains, bien rangés.

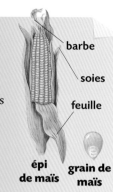

barbe

soies

feuille

épi de maïs

grain de maïs

90

La salade au maïs

Ingrédients pour 4

- **1 boîte de 300 g de maïs**
- **1 barquette de mâche**
ou des feuilles de laitue nettoyées
- **150 g de cheddar ou de mimolette en bloc**
- **150 g de lardons**
- **4 grandes carottes**
- **vinaigrette**

1. Nettoie la mâche (ou la laitue), et sèche-la dans un torchon propre.

2. Pèle les carottes, puis râpe-les. Attention à tes doigts !

3. Coupe le fromage en petits cubes. Dans un grand récipient, mélange délicatement carottes, fromage et maïs égoutté avec la vinaigrette.

4. Dispose les feuilles de salade tout autour de ton plat de service, comme une guirlande. Au milieu, mets ton mélange.

5. Fais revenir à feu moyen les lardons dans une poêle antiadhésive, sans matière grasse. Quand ils sont bien croustillants, verse-les sur ta salade. Sers aussitôt.

Les galettes de maïs

Ingrédients pour 4

- **1 boîte de 300 g de maïs**
- **250 g de farine**
- **20 cl de lait**
- **1 œuf**
- **1 sachet de levure chimique**
- **1 cuillère à café de sel**
- **poivre et huile**

MATÉRIEL
- **fouet**

1. Dans un récipient, mélange la levure, le sel, le poivre et la farine. Ajoute l'œuf, en remuant avec un fouet, puis du lait, jusqu'à obtenir la consistance d'une crème épaisse et collante. Mélanges-y le maïs égoutté.

2. Recouvre le fond d'une sauteuse avec de l'huile. Fais chauffer à feu moyen, puis, à l'aide de 2 cuillères à soupe, fais-y tomber des boules de pâte. Attention aux projections d'huile si celle-ci est trop chaude !

3. Fais-les dorer sur les deux faces en les retournant avec une spatule, puis pose-les sur du papier absorbant. Au besoin, ajoute de l'huile dans ta poêle entre deux cuissons.

4. Sers chaud avec une salade ou en accompagnement d'un plat en sauce.

La poule et la vache sont deux bienfaitrices de l'humanité.

Les œufs et les produits

Quel point commun y a-t-il entre les œufs et le lait ? Ce sont deux aliments de base que tu consommes sans doute en grande quantité depuis que tu es tout bébé ! Car ils se cachent dans une foule de plats, pour mieux t'offrir leurs bienfaits...

laitiers

Simple comme un œuf ?

Quoi d'neuf ? L'œuf !
Nourrissant et pas cher, l'œuf
se prête à toutes les inventions
gourmandes.

Une question de couleur

La couleur de la coquille (brune ou blanche)
dépend de la race de la poule. La nuance du
jaune dépend de son alimentation : si la poule
est nourrie au blé, il sera plus clair que si elle
est nourrie au maïs.

Qui a commencé, la poule ou l'œuf ?

L'œuf contient le germe d'un embryon,
et ses provisions. Mais tu peux manger
une omelette sans craindre de tuer un
poussin dans l'œuf. Car c'est seulement
si une poule a été fécondée par un coq,
que son œuf donnera un poussin.
Or les poules qui pondent les œufs
du commerce ne voient jamais un coq
de leur vie !

Usines à poules

Parmi tous les volatiles, oies, canards,
pintades…, les poules sont les meilleures
pondeuses. Ces gallinacés pondent moins
en hiver, quand la lumière diminue. Les
poules sont donc élevées « en batterie »,
dans des poulaillers-usines éclairés jour et
nuit, et pondent tout le temps. En France,
la majorité des œufs proviennent d'élevages
qui comptent plus de 5 000 poules… et les
œufs de ferme sont devenus une rareté !

Dans cet élevage industriel hollandais, on préfère laisser les poulets en « semi-liberté »…

Que choisir ?

Il existe trois catégories d'œufs.
En catégorie A (réservée à la table), les œufs « très gros » font au moins 73 g, les « gros » de 63 à 73 g, les « moyens », de 53 à 63 g, les « petits », moins de 53 g. En catégorie B, les œufs sont réservés à la fabrication industrielle, et dans la C, ils ne peuvent pas être consommés par des humains.
Les « extra-frais » ont été pondus 9 jours maximum avant la vente ; les « frais », jusqu'à 28 jours avant. La plupart sont maintenant datés du jour de ponte.

Ces œufs vont éclore, tout seuls, en incubateur sans avoir besoin d'être couvés par des poules.

Quatre parties

L'œuf est formé de 4 parties différentes : la coquille, la membrane, le blanc, et le jaune.
À la fois solide et fragile, la coquille est une merveille de la nature. Elle est percée d'une multitude de petits trous (10 000 environ), les pores, qui laissent passer l'air, l'humidité et les odeurs, mais pas les microbes.
La membrane est cette fine enveloppe blanche qui reste collée à la coquille. Elle a aussi un rôle de protection. Du côté arrondi de l'œuf, une poche d'air se forme après la ponte : cette chambre à air s'agrandit au fur et à mesure que l'œuf perd de sa fraîcheur. Le blanc, formé surtout d'eau (87 %) et d'albumine (une protéine), représente les deux tiers de l'œuf. Les deux tortillons, appelés chalazes, servent à centrer le jaune.
Le jaune contient plus de 50 % d'eau, 30 % de lipides et 15 % de protéines. Le germe de l'œuf non fécondé est très discret : c'est une toute petite tache sur le jaune.

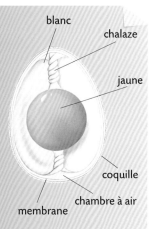

Teste la fraîcheur d'un œuf !

- **1 œuf et 1 verre**
- **du sel et de l'eau**

Dans un verre rempli d'eau salée, plonge doucement ton œuf. S'il se couche au fond, c'est qu'il est très frais.

S'il remonte un peu, c'est qu'il est assez frais.

S'il remonte tout à fait, c'est qu'il n'est pas frais du tout !

C'est une question de « chambre à air ». Plus l'œuf vieillit, plus la « chambre à air » s'agrandit, et donc plus l'œuf flotte !

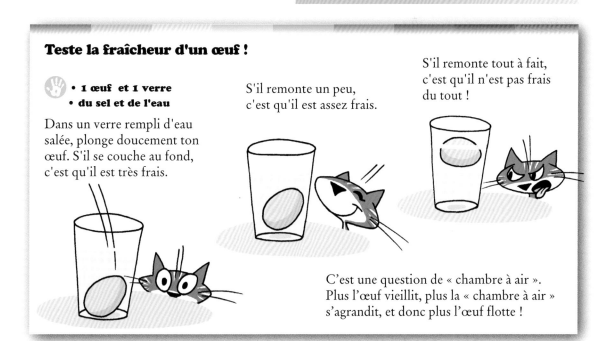

Se faire cuire un oeuf ?

Tes œufs, tu les veux à la coque, brouillés, en omelette… ?
Au petit déjeuner ou dans la journée, les œufs sont une réponse
vite trouvée à une petite ou grande faim.

Les œufs à la coque

Regarde-le sur son coquetier, avec son chapeau
posé à côté de lui, son blanc bien pris, et son jaune
encore liquide. Une véritable œuf...vre d'art ! Réussir
un œuf à la coque exige le talent d'un artiste...
ou, au moins, une bonne montre et des œufs extra-
frais ! Tout se joue à la minute près : une minute en
moins, et le blanc est encore visqueux, une minute
en plus, et c'est le jaune qui se solidifie...

La cuisson de l'œuf coque

Sors ton œuf du frigo à l'avance, pour qu'il soit
à la température de la pièce, ou compte 30 secondes
de cuisson en plus. Fais chauffer de l'eau, avec
quelques gouttes de vinaigre, dans une petite
casserole. Quand l'eau frémit (des petites bulles
commencent à remonter à la surface), plonges-y ton
œuf délicatement, en le mettant d'abord dans une
cuillère à soupe. Compte alors 3 minutes et demie,
vide la casserole dans l'évier, et récupère ton œuf.

Les mouillettes

Les « mouillettes » sont ces
morceaux de pain frais, beurrés,
longs et étroits (pour mieux entrer
par l'ouverture) que tu « mouilles »
d'œuf. C'est déjà délicieux, mais
rien ne t'empêche de leur donner
un air de fête en les tartinant de
jambon ou de saumon fumé.
Tu peux même les remplacer par
des asperges tièdes...

Les œufs en cocotte

La « cocotte », c'est un petit récipient qui
va au four. On l'appelle aussi ramequin.

Pour 4 personnes

- **4 œufs**
- **4 cuillères à soupe de crème fraîche**
- **100 g de dés de jambon**
- **50 g de gruyère râpé**
- **sel, poivre**

MATÉRIEL
4 ramequins

1. Fais préchauffer ton four
à 210 °C / th 6 (chaleur moyenne).
Beurre tes cocottes.

2. Dispose quelques dés de jambon, du gruyère
râpé et une cuillère à soupe de crème dans
chaque ramequin. Casse un œuf par-dessus.
Sale et poivre.

3. Mets tes pots sur
la plaque du four.
Fais cuire 10 min.

Les œufs mollets et durs

Les œufs durs doivent être plongés directement dans l'eau bouillante (pas dans l'eau froide !). Après 5 à 7 minutes de cuisson dans l'eau bouillante, ils deviennent « mollets » : le jaune commence à durcir, mais pas tout à fait. Pas mauvais dans les salades... Au bout de 7 à 10 minutes, les œufs sont durs. Mais au-delà de 10 minutes, rien ne va plus ! Le jaune vire au vert, les protéines de l'œuf libèrent une molécule « puante », le sulfure d'hydrogène. Ça sent l'œuf pourri !

Sans sa coquille

Pour écaler plus facilement un œuf dur (c'est-à-dire enlever sa coquille), fais-le d'abord refroidir dans l'eau froide. Commence par casser le côté rond de l'œuf en le tapotant contre une surface dure, puis souffle dans la coquille : elle se détachera mieux.

Au hit-parade des aliments, l'œuf est bien placé !

Les œufs durs aux sardines

• **4 œufs durs**
• **1 boîte de sardines**
• **brin de persil, câpres ou cornichons**
• **le jus d'un demi-citron**
• **quelques feuilles de salade**

1. Écale les œufs durs. Coupe-les en 2 dans le sens de la longueur. Enlève le jaune. Dans un bol, écrase les sardines avec le jaune, ajoute le jus du citron, et mélange bien.

2. Recouvre les blancs d'une petite colline de farce.

3. Mets un brin de persil, une rondelle de cornichon ou des câpres au sommet. Dispose joliment les œufs sur les feuilles de salade.

Si tu garnis l'omelette avec des légumes, elle peut devenir un repas complet...

Trop facile, l'omelette ?

On dit de quelqu'un qui ne sait vraiment pas cuisiner qu'il n'est « même pas capable de cuire un œuf ! ». Drôle d'expression ! Rien n'est moins facile que de réussir une omelette. Trop baveuse ou trop sèche, ce n'est pas bon. Et brûlée dans le fond, c'est carrément infect. Il y a mille manières de rater cette fausse simplette. Mais avec quelques trucs, tu peux la réussir à tous les coups !

L'omelette soufflée

Tu peux « souffler » tes amis avec une simple omelette ! Il suffit de séparer les blancs des jaunes et de battre les blancs en neige avec une pincée de sel.
Tu incorpores les jaunes aux blancs en remuant doucement, dans un mouvement de bas en haut. Et tu cuis le tout comme une simple omelette, mais à feu plus doux.

Le festival des omelettes

Omelettes (soufflées ou non) et œufs brouillés sont délicieux nature quand les œufs sont bien frais. Mais toutes les combinaisons sont permises. Voici quelques suggestions. Rien ne t'empêche d'inventer toi-même une nouvelle recette ! Dans tes œufs battus, tu peux ajouter :
- des fines herbes ;
- des petits dés de fromage (on met souvent du gruyère, mais pourquoi ne pas essayer du chèvre, du reblochon ou du roquefort...) ;
- des oignons frits ;
- des champignons cuits (champignons de Paris, mais aussi cèpes ou girolles !) ;
- des tomates (déjà cuites) ;
- du sucre (eh oui !) ;
- des fruits revenus au beurre (pomme, ananas frais) ou crus (banane).

Les œufs au plat

Contrairement à l'omelette, les œufs au plat se cuisent à feu doux. Fais chauffer ta poêle avec une cuillère à soupe de matière grasse. Casse doucement ton œuf dans la poêle, sans crever le jaune. Sale et poivre. Dès que le blanc est complètement pris, c'est prêt. La seule difficulté est de faire glisser l'œuf dans l'assiette sans crever le jaune. Aide-toi d'une spatule !

Attention, fragile !

Les œufs brouillés

Ils se préparent comme une omelette, mais il faut les cuire à feu très doux, en remuant constamment avec une cuillère en bois. Le secret ? Les sortir du feu dès qu'ils sont crémeux.

L'omelette « simplette »

 • **2 œufs par personne**
• **sel, poivre**
• **une cuillère à soupe de matière grasse (huile, beurre ou margarine)**

1. Casse tes œufs à l'avance dans un bol et bats-les vigoureusement avec une pincée de sel.

2. Fais chauffer ta poêle avec une cuillère à soupe de matière grasse. Veille à ce que ta poêle soit graissée partout.

3. L'omelette se fait à feu vif. Verse tes œufs battus d'un coup et incline la poêle dans tous les sens pour qu'ils se répartissent sur toute sa surface. L'omelette commence aussitôt à prendre.

4. Avec une fourchette, soulève les bords qui se forment et fais couler en dessous ce qui reste de liquide.

5. Dès qu'il n'y a plus de liquide à faire couler, sors la poêle du feu. Il ne faut pas que le fond brunisse ! Replie l'omelette au tiers.

6. Fais glisser l'omelette dans une assiette en repliant le troisième tiers. À peine blonde à l'extérieur, tendre à l'intérieur, elle est parfaite !

Le lait de vache nourrit petits et grands depuis des millénaires partout dans le monde.

Merci la vache !

En Égypte, c'était une déesse. En Inde, elle est sacrée. Partout dans le monde, on la vénère.

Dévoreuse d'herbe

De l'herbe, ça ne nourrit pas. Et pourtant, ça « profite » à une vache de 500 kilos, qui fabrique même du lait, en plus... Mais qu'est-ce qu'elle en engloutit ! Près d'1/6ᵉ de son poids par jour : 70 kilos environ, plus 80 litres d'eau.

Vive le lait

Comme tous les mammifères, le petit d'homme est nourri au lait maternel au début de sa vie ; mais il peut aussi consommer du lait d'autres espèces. Il ne s'en est pas privé ! Depuis des millénaires, vaches, brebis, chèvres, bufflonnes, yacks ou chamelles sont élevées pour leur lait.

Une collecte ultramoderne

À force de sélections et de soins, les vaches sont devenues des championnes de la production de lait ! On les trait au moins deux fois par jour, et dorénavant, les machines remplacent les mains des hommes. Les gobelets trayeurs sont reliés à un grand réservoir réfrigéré. Ainsi, le lait n'a plus de contact direct ni avec l'homme ni avec l'air ! Tous les deux jours, des camions-citernes viennent le pomper et l'emmènent à la laiterie.

100

« Cocktail » de santé

Un litre de lait de vache pèse environ 1035 g. Il contient 900 g d'eau et 135 g d'éléments nutritifs. C'est à la fois un liquide, et un véritable aliment, qui t'apporte beaucoup de ce dont ton corps a besoin : de l'eau, des protéines, des glucides (lactose) et des matières grasses.

Sans oublier les vitamines (A, B2 et B12, C, D, E, K…) et les minéraux (surtout calcium et phosphore, indispensables à la formation de tes os).

Pour que la vache fasse du lait, il faut qu'elle donne naissance à un veau. Le lait sort de la mamelle de la vache quand les trayons sont stimulés par la tétée du veau, la main de l'homme ou par la machine à traire.

Lait au long cours

Le lait est un produit vivant, qui contient des micro-organismes. Pour détruire ces microbes qui le font tourner, on le chauffe à une température plus ou moins élevée, et on le refroidit très rapidement. Ainsi, on peut le consommer, et le conserver sans problème ! Une fois la bouteille entamée, ne la garde pas plus de quelques jours au frigo.

Avec ou sans crème ?

Lait écrémé, demi-écrémé et entier ? Quel choix ! Le lait entier doit contenir au minimum 36 g de matière grasse par litre ; le demi-écrémé, 15 à 18 g environ ; l'écrémé, moins de 3 g. Les cuisiniers et les gourmands préfèrent le lait entier, qui garde une bonne partie de sa crème.

Lait cru, stérilisé ou pasteurisé ?

Le lait cru a été seulement réfrigéré, mais pas chauffé. C'est celui qui a gardé le vrai goût du lait. Tu peux le conserver maximum 48 heures au frigo, après l'avoir fait bouillir.
Le lait stérilisé a été chauffé à 115 °C pendant 20 minutes dans des bouteilles fermées. Tu peux le conserver 5 mois sans ouvrir la bouteille.
Le lait stérilisé Ultra Haute Température (U.H.T.) a été chauffé à une température très élevée (140 °C), pendant 2 secondes à peine, ce qui respecte mieux sa saveur que la stérilisation normale. Tu peux le conserver 3 mois sans ouvrir la bouteille.
Le lait frais pasteurisé a été chauffé pendant 15 secondes à 72 °C. Tu peux le conserver 7 jours maximum au frigo.

Crème ou beurre ?

Du beurre sur le pain frais, de la chantilly sur la glace…
Le lait t'offre des plaisirs gourmands… irrésistibles !

Tourne la crème...

La crème, c'est la matière grasse du lait. On l'extrait avec une centrifugeuse, une cuve qui tourne très vite. L'eau et les éléments plus lourds sont expédiés vers les parois, et la crème fraîche se rassemble au milieu. Quant au beurre, c'est de la crème battue jusqu'à ce qu'elle se solidifie. Un litre de lait ne donne que 50 grammes de beurre !

La margarine

Elle a été inventée en 1869 pour remplacer le beurre, alors rare et cher. Elle est la plupart du temps faite à partir d'huiles végétales. Elle renferme autant de matières grasses que le beurre, et s'utilise de la même façon, mais elle n'a pas le même goût.

Évite de faire trop chauffer le beurre quand tu cuisines. C'est mauvais pour la santé.

Liquide, épaisse ou allégée...

Comme le lait, la crème est proposée crue, pasteurisée ou stérilisée. Elle est soit liquide (et douce) soit épaisse (et un peu acidulée). La crème « allégée » contient jusqu'à moitié moins de matières grasses. Mais elle est aussi allégée… en saveur.
La crème apporte sa douceur aux préparations sucrées ou salées. Mais les bons cuisiniers l'utilisent avec mesure !

Réussis ta crème chantilly

La crème chantilly est une préparation qui nécessite un vrai tour de main !

 • **25 cl de crème liquide entière et très froide**
• **1 cuillerée à soupe de sucre**

MATÉRIEL
• **1 batteur électrique**

1. Verse 25 cl de crème liquide bien froide dans un récipient de taille moyenne que tu as rafraîchi au frigo (ou, encore mieux, au congélateur après l'avoir mouillé à l'intérieur).

2. Bats vigoureusement avec un fouet ou un batteur électrique. La crème commence à épaissir au bout de plusieurs minutes.

3. Ajoute une grosse cuillère à soupe de sucre (si tu mets du sucre vanillé, ta crème prend le joli nom de « chantilly »).

4. Continue à battre jusqu'à ce que des pointes se forment quand tu soulèves le fouet. Attention : dès que la crème jaunit, c'est qu'elle se transforme en beurre !

Avec la crème chantilly, tu peux décorer de nombreux plats.

Prépare un « milk-shake »

Ce mot signifie « lait secoué » dans un shaker ou un mixeur.

 • **1 verre de lait**
• **1 boule de glace**

Verse un verre de lait avec une grosse boule de glace dans le bol mixeur, et mixe jusqu'à ce que ton milk-shake soit bien mousseux.

Pense à varier les parfums. Ajoute des fraises, des framboises, des bananes ou du miel...

Fais des cocktails au lait

Tu n'as pas de glace, mais tu as du lait ? Fabrique des cocktails sympas en y ajoutant des sirops, des fruits frais ou des jus de fruits. Voici quelques idées...

GRENADINE D'ENFER
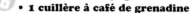 • **10 cl de lait déjà glacé**
• **1 cuillère à café de grenadine**
• **1 cuillère à café de sucre glace**
• **le jus d'un citron**
• **2 glaçons**

COCKTAIL « LA PÊCHE »
• **1 verre de lait bien froid**
• **1 sachet de sucre vanillé**
• **1 pêche pelée et coupée en morceaux**
• **2 cuillères à soupe de gelée de groseilles**
(ou d'une autre confiture de fruits rouges)

COCKTAIL DES ÎLES
• **10 cl de lait**
• **10 cl de jus d'ananas**

Les quantités sont données pour un seul (grand) verre. Verse tous les ingrédients dans le bol mixeur, mixe, et sers glacé.

Yaourts et compagnie

Nature ou aux fruits ? Le yaourt a toutes les qualités : nourrissant, facile à digérer, et délicieux. Mais sais-tu qu'on peut aussi le cuisiner ?

Yaourt ou yoghourt ?

Comme tu veux ! « Yoghourt » viendrait du turc *yoghurmak*, qui veut dire « épaissir », et « yaourt » du bulgare *jaurt*. De fait, ce lait fermenté serait d'origine bulgare. Aussi nourrissant que le lait, le yaourt est plus digeste. Le yaourt normal est ferme ; le yaourt brassé est plus onctueux ; le yaourt à boire est battu après avoir été brassé.

100 millions

C'est le nombre de bactéries lactiques vivantes par gramme contenues dans un seul yaourt.

Fais ton yaourt toi-même

• **1 litre de lait entier**
• **4 cuillères à soupe de lait en poudre (pour épaissir le lait, ce qui rendra ton yaourt plus ferme)**
• **1 yaourt nature ou 1 sachet de ferment**

MATÉRIEL
• **10 petits pots de yaourt en verre**
• **1 thermomètre de cuisine**
• **1 grand récipient qui ferme bien (cocotte-minute, tupperware...)**

1. Fais bouillir le lait dans un poêlon à bec verseur (c'est plus facile pour verser le mélange dans les pots par la suite) et laisse-le refroidir : entre 40 et 46 °C, c'est la température idéale pour que les bactéries fassent leur travail. En fait, dès que tu peux y plonger le doigt sans te brûler.

2. Délayes-y alors le lait en poudre et le yaourt nature (ou les ferments).

3. Mélange bien, puis verse dans les pots. Dépose-les dans le récipient avec un fond d'eau bien chaude, puis ferme le récipient.

4. Couvre-le avec une petite couverture ou un vieux pull, et installe-le dans un endroit tiède pendant 6 à 8 heures. N'ouvre pas le couvercle et ne bouge pas le récipient pendant ce temps-là.

5. Mets ensuite tes yaourts au frigo, et attends une demi-journée avant de les déguster.

Gentilles... les bactéries ?

« Lactobacillus bulgaricus » et « streptococcus thermophilus ». Avec des noms pareils, difficile de croire que ce sont nos amies. Et pourtant ! Ces deux bactéries lactiques font cailler le lait... pour notre plus grand plaisir ! Sans elles, il n'y aurait pas de yaourt. On les élève d'ailleurs avec autant d'amour que des vaches..., mais en laboratoire.

Les produits au bifidus ou à l'acidophilus n'ont pas droit à l'appellation « yaourt » ; ils sont simplement nommés « laits fermentés ».

On appelle aussi ce plat : tzatziki.

Le concombre au yaourt

Pour 4 personnes

 • **1 concombre épluché et coupé en fines tranches**
• **3 yaourts**
• **1 cuillère à soupe d'huile d'olive**
• **le jus d'un demi-citron**
• **menthe fraîche, persil haché**
• **1 gousse d'ail pressée**
• **sel, poivre**

1. Mélange les ingrédients dans un saladier, décore avec des feuilles de menthe.

2. Mets ta préparation au frigo au moins une heure avant de servir…

La mousse yaourt-fraises

Pour 4 personnes

 • **200 g de fraises**
• **2 yaourts nature**
• **1 briquette de crème**
• **4 cuillerées à soupe de sucre en poudre**

1. Mets 200 g de fraises, lavées, équeutées et coupées en petits morceaux, 2 yaourts nature, une briquette de crème bien froide et 4 cuillères à soupe de sucre en poudre dans un bol mixeur.

2. Mixe bien… C'est prêt !

Tu peux l'associer à des morceaux d'autres fruits et des céréales.

Fromages en vrac

Au lait de vache, de chèvre ou de brebis ? Frais ou faits, doux ou forts, mous ou fermes, à croûte ou sans croûte… ? Des fromages, il y en a pour tous les goûts !

> **Le petit et le grand**
> Le plus petit fromage, le « bouton de culotte », est fabriqué dans la région de Dijon. Son nom donne une idée de sa taille. Le plus gros, c'est l'emmental, dont les « roues » (meules) pèsent entre 80 et 100 kg.

Mille et un fromages

Plus de quatre cents variétés différentes, rien qu'en France ! Chaque région a « inventé » son propre fromage au lait de vache, de chèvre ou de brebis. Et de nombreux autres pays ont aussi leurs spécialités ! Tout ça, parce qu'un jour, il y a près de 10 000 ans, quelqu'un a eu l'idée géniale d'égoutter du lait et de laisser sécher le caillé : le fromage était né ! À partir de ce moment, les hommes ont « mangé » du lait, qui non seulement se conservait, mais s'améliorait au fil du temps !

Du lait au fromage

Pour faire du fromage frais, on fait cailler le lait en lui ajoutant des ferments et un peu de présure, puis on égoutte un peu le caillé obtenu, et on le met en pots. Fabriquer de « vrais » fromages demande plus de savoir-faire. On fait cailler le lait avec des ferments et de la présure. On égoutte le caillé dans des moules perforés. On démoule et on sale, puis on entrepose les fromages dans des caves d'affinage en attendant qu'ils soient « à point ». Les spécialistes qui contrôlent leur maturation les retournent pendant plusieurs semaines ou plusieurs mois.

Propose plusieurs fromages sur ton plateau : il en faut pour tous les goûts…

**les fromages à pâte molle,
à croûte lavée**

Ils sont fabriqués comme ceux à
croûte fleurie, sauf qu'ils sont
lavés à l'eau salée, et brossés.
Leur croûte est orangée,
et ils sont très forts...
en goût ! Ex. : livarot,
munster, maroilles, rouy...

**les fromages
à pâte persillée**

On les appelle aussi
« bleus » à cause de la
couleur de leurs veines.
Avant l'affinage, ils sont
percés de trous avec
de fines aiguilles pour
qu'une bonne moisissure
bleue s'y développe...
Ex. : bleu d'Auvergne, bleu
de Bresse, roquefort...

les fromages de chèvre

Selon la durée de l'affinage, les
fromages de chèvres sont tendres
ou plus secs. Ex. : crottins, cabécou,
picodon, pouligny-saint-pierre...

**les fromages à pâte molle,
à croûte « fleurie »**

La « fleur », c'est le duvet blanc qui se développe
sur la croûte pendant l'affinage (2 à 6 semaines).
Ex. : camembert, brie, coulommiers...

**les fromages
à pâte pressée non cuite**

Le caillé est bien pressé, et
l'affinage dure longtemps
(de 2 mois à plus d'un an).
Ex. : cantal, tomme,
saint-nectaire...

les fromages à pâte pressée cuite

Le caillé a été chauffé puis pressé très
fort. Des trous se forment à cause du
gaz carbonique dégagé par les micro-
organismes qui transforment la pâte
pendant l'affinage (de 6 mois à un an)
Ex. : gruyère, comté,
emmental, beaufort...

Gruyère et gruyère

Il y a gruyère et gruyère !
Regarde le fromage bien
dans les « yeux » (les
trous) pour le reconnaître.
Ceux du comté français et
du gruyère suisse doivent
avoir une taille comprise
entre le petit pois et la
noisette ; ceux de
l'emmental, la grosseur
d'une noix. Le beaufort est
« aveugle », mais il a des
petites fissures, comme des
brins de laine : on les
appelle des « lainures ».

D'autres fromages...

- **les fromages frais** : tu les appelles
aussi fromages blancs ou petits
suisses. Tu les manges à la petite
cuillère, « nature », sucrés, salés
ou aromatisés.
- **les fromages fondus** : à base de
fromages à pâte pressée, cuite ou
non. On y ajoute parfois du lait,
de la crème ou des aromates.
Ex. : la vache qui rit, le kiri...

Idées très fromagères

Il n'y a pas qu'à la fin du repas, sur un plateau, que le fromage est roi ! De l'entrée au dessert, il fait merveille…

Tout fromage

Pour une « dînette » fromages, choisis-les de familles différentes, et accompagne-les de petits pains (campagne, viennois, au seigle, aux céréales, aux noix, aux lardons…), de beurre, de fruits (pommes, poires, raisins, figues, noix…), de salades…

Des bouchées pour l'apéritif

Recette rapide

- **fromages mous**
  - **morceaux de noix**
- **poudre d'amandes ou de noisettes**
- **raisins secs**
- **fines herbes et épices**

1. Choisis des fromages assez mous (fromage frais, demi-sel, roquefort, chèvre frais…). Mêles-y des morceaux de noix, de la poudre d'amandes ou de noisettes, des raisins secs…

2. Forme des billes que tu roules dans des fines herbes hachées menu, du paprika, du curry ou du poivre… Sers tes billes de fromage piquées de cure-dents.

Les barquettes de céleri au roquefort

Pour 4 personnes

- **1 botte de céleri**
- **150 g de roquefort (ou un autre bleu)**
- **2 petits pots de fromage blanc**
- **persil, ciboulette ou olives noires pour la décoration**

1. Lave soigneusement les herbes et le céleri. Coupe les tiges (en enlevant les fils qui se détachent) en bâtonnets de 8 à 10 cm de long dans leur partie la plus large. Il t'en faut 2 par personne.

2. Dans un grand bol, mélange le roquefort et le fromage blanc. Assaisonne à ton goût.

3. Remplis généreusement tes barquettes de la farce. Décore avec persil, ciboulette hachée, olives noires…

Idée :
un cure-dents planté dans chaque barquette sur lequel tu accroches une feuille de papier blanc coupée en triangle… et voilà un voilier !

Les chèvres chauds sur pomme

Pour 4 personnes

- **2 gros crottins (style crottin de chavignol) ou 4 petits (style cabécou)**
- **2 grosses pommes**
- **quelques feuilles de laitue lavées et essorées**
- **vinaigrette**
- **herbes de Provence et poivre**
- **huile d'olive**

MATÉRIEL
- **un plat antiadhésif**
- **un vide-pomme**

1. Préchauffe ton four à 230 °C / th 7/8. Lave les pommes, enlève leur trognon avec le vide-pomme.

2. Coupe-les en 2 horizontalement. Dans chaque moitié, coupe une tranche épaisse.

3. Dépose tes 4 tranches de pomme dans le plat, avec par-dessus un crottin (ou un demi-crottin s'ils sont gros).

4. Mets une goutte d'huile d'olive, une pincée d'herbes de Provence et du poivre sur chaque crottin.

5. Enfourne ton plat pendant 10 minutes en le surveillant. Tes fromages de chèvre doivent dorer, mais pas brûler, ni s'étaler dans le plat !

6. Sers directement dans chaque assiette sur un lit de salade assaisonnée.

Une version de cette entrée avec de la mâche et décorée de petits dés de betterave.

Le cheese-cake

Pour 4 personnes

- **500 g de fromage blanc bien égoutté (à 40 % de matière grasse)**
- **2 œufs**
- **75 g de sucre**
- **1 sachet de sucre vanillé**
- **3 cuillères à soupe de semoule de blé fine**
- **1 pomme ou 1 poire**
- **1 poignée de raisins secs ou de morceaux de pruneaux dénoyautés**
- **le zeste d'un citron non traité**

MATÉRIEL
- **1 batteur électrique (ou mécanique ou 1 fouet)**
- **1 moule à cake ou à manqué**

Le cheese-cake est un gâteau au fromage blanc.

1. Dans un grand saladier, mélange bien le fromage blanc, les jaunes d'œufs, le sucre, la semoule, les fruits en morceaux et le zeste de citron. Préchauffe ton four 10 min à 200 °C / th 5/6 (chaleur modérée).

2. Bats les blancs d'œufs en neige jusqu'à ce qu'ils soient assez durs pour ne pas tomber si tu retournes le plat. Intègre-les délicatement à ta pâte, cuillère par cuillère, en remuant très doucement pour ne pas casser les bulles d'air.

3. Beurre ton moule. Verses-y ta préparation. Mets au four pendant 1 heure jusqu'à ce que ton gâteau soit doré.

Le goût, ça commence avec les yeux !

Les

légumes

Tristes, les légumes ? Mais non ! Si tu sais les cuisiner, ils se mettent à jouer de la couleur et se métamorphosent en potages crémeux, purées moelleuses, salades croquantes... Tu vas craquer !

Un trésor de pomme de terre

Traiter quelqu'un de patate, ce n'est pas flatteur…
Normal, la pomme de terre a longtemps été méprisée !
Pourtant, sous son habit doré de frite, ou en simple
robe des champs, elle est la reine des légumes !

Patate ou pomme de terre ?

Même si on l'appelle familièrement « patate »,
il ne faut pas confondre la pomme de terre avec
la patate douce sucrée et farineuse qui appartient
à une autre famille : les convolvulacées.

Il existe mille et une façons de lui
rendre honneur : en purée, en frites,
sous la cendre, au four, bouillie, sautée…

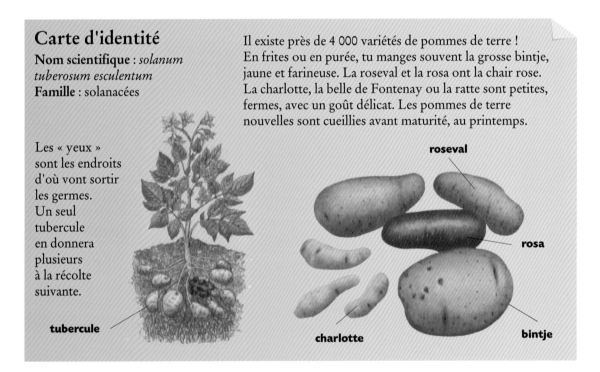

Carte d'identité

Nom scientifique : *solanum
tuberosum esculentum*
Famille : solanacées

Les « yeux »
sont les endroits
d'où vont sortir
les germes.
Un seul
tubercule
en donnera
plusieurs
à la récolte
suivante.

tubercule

Il existe près de 4 000 variétés de pommes de terre !
En frites ou en purée, tu manges souvent la grosse bintje,
jaune et farineuse. La roseval et la rosa ont la chair rose.
La charlotte, la belle de Fontenay ou la ratte sont petites,
fermes, avec un goût délicat. Les pommes de terre
nouvelles sont cueillies avant maturité, au printemps.

roseval

rosa

charlotte

bintje

La pomme de terre fait grossir ?

C'est faux ! Bouillie ou en robe des champs (cuite dans
sa peau), elle est même recommandée pour les régimes,
car elle donne vite la sensation d'avoir assez mangé.
Sous forme de frites ou de chips, elle est enrobée de graisse…
qui fait grossir ! La pomme de terre bouillie ou en robe
des champs fait 86 calories ; au four (nature), 109 calories ;
sous forme de frites, 315 calories et de chips , 539 calories.

Précision

La pomme de terre
n'est pas un légume
« vert », mais un
tubercule farineux
qui contient des
sucres lents.

Merci Parmentier !

Les Espagnols partis à la conquête de l'Amérique au début du XVIe siècle ramènent de l'or et des plantes inconnues... comme la *papa*, adorée des Incas. Mais les Européens s'en méfient : ils la soupçonnent même de donner la lèpre ! C'est au XVIIIe siècle qu'elle devient un aliment courant, grâce à Antoine Augustin Parmentier. On raconte que cet agronome fit garder un champ de pommes de terre par des soldats, comme si c'était un bien précieux... et donna ainsi envie à la population d'en manger !

Sur cette gravure du XVIIIe siècle, Parmentier présente un plant de pomme de terre à Louis XVI.

Prépare un gratin dauphinois

- **1,5 kg de pommes de terre**
- **1/2 l de crème fraîche liquide**
- **20 cl de lait**
- **1 gousse d'ail**
- **2 cuillères à café de sel**

1. Pèle les pommes de terre et lave-les à l'eau. Sèche-les soigneusement dans un torchon propre. Fais-les couper en fines tranches. C'est plus facile avec un robot.

2. Préchauffe le four à 230 °C / th 7 (assez chaud). Pèle la gousse d'ail et frotte-la sur toute la surface intérieure d'un plat à gratin. Beurre le plat.

3. Dans un récipient, mélange les pommes de terre coupées, la crème, le lait et le sel. Poivre bien. Verse le tout dans un plat à gratin, et fais cuire 1 heure au four.

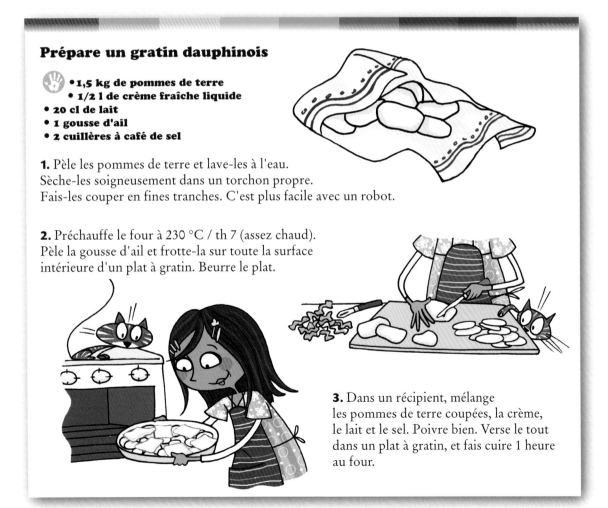

Les patates sont cuites ?

On ne mange pas les pommes de terre crues :
l'amidon qu'elles contiennent se digère mieux
après cuisson. Si tu ne cuis pas tout de suite
les patates que tu as pelées, mets-les à tremper
dans l'eau, sinon elles noircissent. Pour en
vérifier la cuisson, enfonce la lame d'un
couteau dans la chair. Si la pomme de terre
ne vient pas avec la lame quand tu soulèves
le couteau, ça veut dire qu'elle est cuite.

Un amour de pomme de terre

La pomme de terre est le légume le plus
consommé par les Français. Mais ils en
mangent moins qu'auparavant.
Les Belges, réputés gros mangeurs de
frites, ne consomment pas beaucoup plus
de patates que les Français. En Europe,
ce sont les Portugais qui détiennent le
record, avec près de 100 kg par an !

Les pommes de terre au four en robe des champs

Une des meilleures recettes pour goûter la
saveur des pommes de terre. « En robe des
champs » veut simplement dire cuites dans
leur peau. C'est la méthode qui préserve le
mieux les vitamines. N'oublie pas de bien
nettoyer la pelure en la brossant sous l'eau.

Pour 4 personnes

- **4 grosses pommes de terre
(de variété farineuse, genre bintje)**
- **1 grand pot de fromage blanc
à 20 % de matière grasse**
- **de la ciboulette (et/ou d'autres herbes
comme persil, basilic, aneth...)**

MATÉRIEL
- **du papier aluminium ou papier cuisson**

1. Préchauffe le four à 230 °C / th 7 (assez
chaud). Pique chaque pomme de terre avec
une fourchette pour qu'elle n'éclate pas
à la cuisson, puis emballe-la dans une feuille
de papier d'aluminium.

Tu peux remplacer le fromage blanc par une noix
de beurre, de la crème fraîche ou du fromage qui
fondra de plaisir sur la patate chaude...

2. Mets les pommes de terre emballées
pendant 1 heure au four, sur la plaque
de cuisson.

3. Pendant ce temps, prépare la farce :
dans un bol, bats à la fourchette
le fromage blanc avec le sel,
le poivre et les fines herbes.

4. Quand tes patates sont cuites, demande
à un adulte de t'aider à les sortir du four, et
enlève le papier. Fais une entaille profonde
dans chaque pomme de terre et bourre-la
avec ton mélange.

Selon tes envies, ajoute au fromage blanc
des dés de jambon, du saumon fumé,
des miettes de thon, des petits légumes
(maïs, macédoine).

La purée de pommes de terre

Pour 4 personnes

- **8 grosses pommes de terre**
- **1/4 l de lait ou 20 cl de crème fraîche**
- **sel, poivre, noix de muscade**
- **1 grosse noix de beurre**

MATÉRIEL
- **1 presse-purée et 1 fouet
ou 1 moulin à légumes**

1. Mets les pommes de terre pelées et coupées en morceaux dans une grande casserole avec de l'eau froide salée.

2. Laisse cuire au moins 20 minutes. Égoutte-les, puis écrase-les avec le moulin à légumes ou le presse-purée (jamais avec le mixeur, ta purée serait élastique !).

3. Ajoute le beurre et le lait (ou la crème fraîche) et remets la purée à feu doux, en la battant énergiquement au fouet. Sale, poivre, et parfume avec de la noix de muscade en poudre (ou râpée).

La purée aux trois couleurs

1. Réalise une purée 3 couleurs pour décorer un plat. Sépare ta purée en 3 parties. Dans la première, ajoute du concentré de tomate ; dans la deuxième, des épinards ou des petits pois mixés ; dans la troisième, un jaune d'œuf.

2. Verse tes purées bien chaudes chacune dans un bol, et démoule-les en alternant les couleurs sur un grand plat, autour d'un poisson ou d'une viande.

Les légumes racines

Manger des racines ? Pas fou, non ?!
T'es pas un lapin ! Et pourtant, ça t'arrive
souvent… au moins chaque fois que
tu croques une carotte ou un radis !

Colorés ou pâlichons

Plantes potagères dont on mange la racine ? Ça ne
manque pas ! Carottes, radis, betteraves, navets,
endives (appelés chicons dans le Nord de la France et
en Belgique), salsifis, scorsonères, céleris-raves… Sans
oublier les rutabagas ou les topinambours, dont les
personnes très âgées ont un mauvais souvenir, parce
qu'elles ne mangeaient que ça pendant la guerre…

On coupe
les carottes plutôt
en rondelles ou en bâtonnets,
et les betteraves en petits dés.

La soupe de fanes de radis

Les fanes sont les feuilles des radis.
Cette soupe verte très écolo permet
de « récupérer » tout ce qui est comestible
dans la plante ! À ne faire que si les radis
sont bios !

Pour 3 ou 4 personnes

- **1 botte de radis**
- **2 échalotes**
- **1 cube de bouillon de poule**
- **3/4 de litre d'eau**
- **1 cuillère à soupe d'huile**

MATÉRIEL
- **mixeur**

1. Coupe
les fanes.
Enlève
les feuilles
abîmées.
Nettoie les
fanes plusieurs
fois à l'eau.
Pèle et coupe les échalotes.

2. Fais revenir les échalotes à feu moyen
dans une casserole avec l'huile, puis ajoute
les fanes (attention aux projections, si elles
sont encore très mouillées !).

3. Fais-les cuire
jusqu'à ce
qu'elles
soient
fondues,
puis ajoute
l'eau, le cube
de bouillon
et le poivre.

4. Fais mijoter 1/4 d'heure à feu doux
avec un couvercle. Quand la soupe
a légèrement refroidi, mixe-la.
Ajoute du sel et du poivre
si nécessaire.

Si tu as des reste de riz ou de pommes
de terre, ajoute-les avant cuisson, ça rendra
ta soupe plus veloutée.

Croquants ou moelleux

La saveur des légumes-racines varie, de sucrée à piquante. Certains s'apprécient tels quels, comme les radis rose et noir. D'autres, comme la carotte, le céleri-rave ou l'endive sont aussi bons crus que cuits. La plupart ont besoin d'une longue cuisson qui ramollit leurs fibres. Ils finissent en potages, purées, plats mijotés ou gratins. L'endive est un cas particulier, car on mange la jeune pousse qui apparaît sur la racine quand celle-ci est cultivée dans le noir.

Peler, couper

Pas besoin de peler les jeunes carottes : tu les grattes avec un couteau, et tu les laves. Mais les « vieilles », oui ! Coupe d'abord la base et le sommet, puis pèle-les avec un couteau économe. Les navets doivent aussi être pelés, avant d'être coupés en morceaux. Les céleris-raves sont très durs à peler. Fais-toi aider ! Une fois les endives passées sous l'eau, coupe leur base sur 1/2 cm : c'est la partie la plus amère.

Carotte bonne mine

La carotte apporte une bonne ration de vitamines, A notamment, recommandée pour une bonne vision. On dit qu'en manger beaucoup ferait bronzer. En fait, ça donne une couleur orange à la peau, à cause du carotène, un pigment que contient la carotte.

Endives en déco

Même si tu ne raffoles pas des endives, tu peux t'en servir pour la décoration des salades. Détache quelques feuilles, nettoie-les et pose-les comme des barques sur la salade. Tu peux aussi les remplir avec du maïs ou une macédoine de légumes.

Tu préfères le jus de carottes, de framboises ou d'épinards ?

Les carottes au jus d'orange

Une entrée ou un dessert-santé original qui nous vient du Maroc.

- 4 carottes
- 3 oranges
- 2 cuillerées à soupe de sucre
- eau de fleur d'oranger

1. Râpe les carottes.

2. Presse les oranges.

3. Mélange le jus d'orange, l'eau de fleur d'oranger et le sucre aux carottes râpées… et c'est prêt !

Légumes-tiges et légumes-feuilles

Verts, verts, verts… Les légumes-tiges et les légumes-feuilles n'ont pas que ce point commun qui saute aux yeux. Ils ont aussi beaucoup à t'offrir sur le plan santé ! Si tu les invitais plus souvent dans ton assiette ?

asperge verte

asperge blanche

asperge violette

Ils poussent, ces légumes !

Céleri-branche et bette se ressemblent, avec leurs larges tiges, qui partent du même pied, terminées par des feuilles d'un vert soutenu. L'asperge, elle, est une originale : sa tige est souterraine, et ce qu'on voit (et mange) est une jeune pousse.

le cœur, tendre et croquant

les côtes

le pied

Il existe trois grandes variétés d'asperges : **blanches** (car cultivées à l'abri de la lumière), **vertes et violettes**. On appelle **griffe** la tige souterraine.

Le céleri existe à l'état sauvage. Plusieurs variétés sont cultivées, blanches ou vertes.

Les asperges à la flamande

Pour 4 personnes

• **1 botte de 500 g d'asperges vertes (à la différence des autres asperges, il ne faut pas les peler)**
• **4 œufs**
• **100 g de beurre**

MATÉRIEL
• **Cocotte-minute ou panier de cuisson à la vapeur**

1. Élimine la partie dure des asperges, et fais-les cuire à la vapeur, dans le panier métallique, avec de l'eau dans la casserole et un couvercle. Le temps de cuisson dépend de leur taille (10 à 20 minutes). Fais cuire les œufs durs, et écale-les.

2. Fais fondre le beurre à feu doux. Chacun prépare sa propre sauce en écrasant l'œuf dur à la fourchette, en l'arrosant de beurre, en assaisonnant à son goût.

Les asperges sont tout aussi délicieuses avec une simple vinaigrette...

T'es chou !

Il pue quand il cuit ?
Pardonne-lui, car il a
beaucoup de qualités.
Pour les Grecs et les
Romains, c'était une plante
miracle… et aujourd'hui,
les scientifiques lui
reconnaissent plein
d'effets bénéfiques !

On compte 400 variétés
de choux : des ronds,
des longs, des blancs,
des verts ou des rouges…

Les feuilles de chou surprise

Pour 4 personnes

• **1 chou vert**
• **500 g de chair à saucisse bien épicée**
• **4 branches de persil**
• **sauce tomate maison ou 1 boîte de coulis
de tomate**

1. Choisis 4 belles feuilles de chou et
rince-les bien. Fais cuire ces feuilles
5 minutes dans une grande casserole
d'eau bouillante salée. Égoutte-les.

2. Dans une sauteuse, prépare ta sauce
tomate (voir page 68) ou fais réchauffer
le coulis. Mélange la chair à saucisse avec
le persil haché.

3. Répartis la farce
sur les 4 feuilles
que tu replies
comme
de petits
paquets,
puis
que tu
retournes.

4. Enfonce délicatement tes « paquets »
dans la sauce tomate, et fais cuire 1/2 heure
à feu doux. Sers avec du riz.

**Lave bien tes feuilles de chou
après les avoir choisies.**

La ronde des salades

La plus connue, c'est la tendre laitue. Mais il en existe plein d'autres variétés. Et l'on peut y inviter toutes sortes de feuilles. Crue ou cuite, nature ou composée, la salade se met à table !

laitue

Feuilles à gogo

Tu connais bien la « pommée », qui a une forme de boule. Mais il existe plus d'une centaine de variétés de laitues : romaine, iceberg, batavia, feuilles de chêne... La chicorée frisée, qui va si bien avec les lardons, n'est pas une laitue. On met bien d'autres feuilles aussi dans les salades : scarole, mâche, cresson et roquette à la saveur poivrée, épinard et même pissenlit !

La salade roquefort et noix

C'est un grand classique de la cuisine française ! Il suffit de bien mélanger dans un grand saladier : 200 g de salades variées nettoyées, 100 g de roquefort émietté, 100 g de cerneaux de noix et de la vinaigrette (à l'huile de noix, éventuellement).

Prépare la salade !

 • 1 salade
• sel, poivre, huile et vinaigre

1. Coupe d'abord le trognon, les feuilles se détacheront facilement. Enlève les feuilles abîmées.

2. Nettoie et rince soigneusement à l'eau froide pour déloger pucerons ou chenilles s'il y en a !

3. Sèche bien dans un torchon propre ou une essoreuse à salade. Mets l'assaisonnement au dernier moment pour éviter que la salade ne ramollisse.

La salade à l'orange

 • quelques feuilles de salade
• 2 oranges non traitées
• des olives

1. Mets la salade nettoyée dans un saladier. Râpe un peu de zeste d'orange.

Tu peux utiliser d'autres salades, de la mâche par exemple.

2. Presse une moitié d'orange. Divise le reste en quartiers que tu disposes joliment sur la salade.

3. Mélange 5 cuillères à soupe d'huile d'olive, le jus d'orange, les zestes, sel et poivre. Verse cette sauce sur la salade.

Les épinards de Popeye

Les jeunes feuilles tendres se mangent en salade. Mais c'est cuits qu'on consomme le plus les épinards. Le héros de BD Popeye, ce loup de mer aux avant-bras larges comme des battes de base-ball, leur fit une pub d'enfer. Dès qu'il en mangeait, il devenait d'une force surhumaine ! On a longtemps cru que les épinards contenaient beaucoup de fer, mais ils sont surtout une mine de vitamines !

Bien cuisiner les épinards

Choisis des feuilles jeunes et tendres et consomme-les rapidement. Pour éviter leur goût astringent, fais-les cuire dans beaucoup d'eau bouillante. N'oublie pas que les épinards « fondent » : prévois-en assez (250 g environ) par personne.

Épinards fraîchement cueillis.

Les crêpes aux épinards

Pour 4 personnes

- **4 crêpes**
- **1 kg d'épinards**
- **25 g de beurre**
- **50 g de farine**
- **25 cl de crème fraîche**
- **2 cuillères à café de sel, poivre**
- **gruyère râpé**

MATÉRIEL
- **mixeur**

1. Nettoie les épinards à grande eau et fais-les cuire 5 minutes dans une grande casserole d'eau bouillante salée. Égoutte-les.

2. Dans la même casserole, fais fondre le beurre, ajoute les 50 g de farine pour former une pâte.

3. Verse les épinards et la crème en remuant, à feu vif. Quand ça bout, sors du feu et mixe bien (si tu préfères les épinards en purée). Sale et poivre.

4. Dans chaque crêpe, mets 2 cuillères à soupe de ton mélange. Roule-les, et dispose-les dans un plat à gratin antiadhésif. Saupoudre de gruyère râpé et mets 10 min au four (position grill) jusqu'à ce que le gruyère soit gratiné.

Les légumes aromates

Drôle de famille ! Comment les traiter ? En légumes ou en aromates ? Ils sont tellement forts ! Apprends à les apprivoiser car ail, oignon et échalote sont de puissants alliés du cuisinier !

Faire le poireau ?

Ce sont des légumes, mais en plus, ils parfument les plats. Le fenouil rappelle l'anis. Le poireau est un cousin de l'oignon. Ses longues feuilles, qui forment une sorte d'étui, se mangent presque en entier. La partie claire, souterraine, le « blanc », est d'une saveur délicate. Le « vert » se met surtout dans les soupes. Nettoie soigneusement les poireaux, car ils gardent souvent de la terre à l'intérieur des feuilles.

Échalote et poireau, costauds en goût !

La tarte aux poireaux et au saumon

Pour 4 à 6 personnes

- **1 pâte brisée maison (voir page 80)**
- **3 poireaux**
- **100 g de saumon fumé**
- **50 g de beurre**
- **20 cl de lait**
- **2 cuillères à soupe de farine**
- **1 cuillère à café de sel**
- **1 œuf**
- **sel, poivre**
- **4 feuilles de menthe (facultatif)**

1. Déroule ta pâte dans un moule à manqué antiadhésif. Après avoir supprimé les racines et le sommet des poireaux, coupe-les en deux dans le sens de la longueur, puis en petits tronçons. Rince bien.

2. Préchauffe le four à 230 °C / th 7 (assez chaud). Mets le beurre dans une casserole, à feu doux. Verses-y les poireaux et le sel, et fais cuire 10 min, avec un couvercle, en remuant de temps en temps.

3. Ajoute la farine en mélangeant, puis le lait, jusqu'à obtenir une crème épaisse.

4. Sors du feu, et ajoute l'œuf, le saumon coupé en morceaux, et la menthe. Assaisonne, puis verse le tout dans la pâte. Rabats les bords de la pâte. Fais cuire 30 minutes.

Surveille la cuisson pour que ta tarte soit dorée.

Bons pour tout...

Oignon, échalote et ail sont des bulbes de plantes, c'est-à-dire la partie souterraine, où sont concentrées les réserves nutritives. Ce sont des aliments de base partout dans le monde. L'oignon était au menu de tous les Égyptiens, et les ouvriers qui construisaient les pyramides mangeaient de l'ail pour avoir force et endurance.

...mais pas pour tous ?

Certains aiment l'oignon cuit, et pas cru. Pour d'autres, c'est l'inverse. Pareil pour l'ail ! Ces condiments ont un goût fort, et sont parfois difficiles à digérer. Quelques trucs évitent ces désagréments. Pour l'ail, il suffit d'enlever le germe vert. Quant à l'oignon cru, on peut le passer d'abord à l'eau bouillante. Pour neutraliser la mauvaise haleine, mâche des feuilles de menthe.

Il existe plusieurs variétés d'**oignons**, plus ou moins forts. L'oignon rouge, plus doux, est bon cru.

L'échalote est une proche parente de l'oignon. De saveur plus fine, elle se digère mieux.

Le bulbe d'**ail** est appelé une tête. Il est formé de gousses. Il existe de l'ail blanc, violet et rose.

Savoir couper l'oignon

 • **1 oignon**

1. Coupe le sommet de ton oignon, mais laisse la racine pour qu'il ne se défasse pas.

2. Épluche-le. Coupe-le en 2, puis pose la partie coupée sur la planche, et maintiens-le avec les doigts rentrés.

3. Coupe des tranches régulières dans un sens, puis dans l'autre.

Savoir couper l'ail

 • **1 gousse d'ail**

1. Coupe le sommet et la base de la gousse, et épluche-la.

2. Coupe-la en 2 et enlève le germe vert s'il y en a un.

3. Si tu n'as pas de presse-ail, il suffit d'écraser la gousse épluchée sous un verre, et de l'ajouter telle quelle pour parfumer une sauce. Tu peux aussi couper l'ail en morceaux.

Les légumes fruits

En revenant du marché, tu crois rapporter un plein panier de légumes : courgettes, potirons, concombres, tomates, poivrons, aubergines... En fait, ce sont tous des... fruits !

Fières cucurbitacées

« Espèces de courges ! »... Courgettes, pâtissons, potirons et citrouilles sont des courges, et elles n'ont pas à en rougir ! Ces plantes rampantes de la famille des cucurbitacées, originaires d'Amérique donnent généreusement leurs fruits au goût délicat. Le concombre est un cousin des courges... et aussi du melon. Il aime rafraîchir les salades, mais il peut être cuit comme la courgette.

Des fleurs à table ! Italiens et Français utilisent les fleurs de courgettes dans la cuisine, en beignets ou farcies.

Potirons ou citrouilles ?

Ce n'est pas à leur forme, ou à leur couleur, qui varie du jaune au vert, qu'on les reconnaît, c'est à leur pédoncule : la queue de la citrouille, dure, a 5 côtés ; celle du potiron, plus tendre, est arrondie et renflée à la base. On mange surtout des potirons, en soupes, purées ou tartes.

Zébrées !

Les courgettes ont une peau si fine, que tu n'es pas obligé de les peler. À moins de les déguiser en « zèbres », en alternant parties pelées et non pelées... Mais pense à les laver.

D'été ou d'hiver ?

Courgettes et pâtissons sont des courges d'été. Potirons et citrouilles, des courges d'hiver. Les courges d'hiver ont une peau plus épaisse, sont plus nutritives et se conservent plus longtemps. Le cornichon est une variété de concombre.

Le potiron « Cendrillon »

Une recette idéale pour ceux qui ont
la flemme de peler le potiron…

Pour 4 personnes

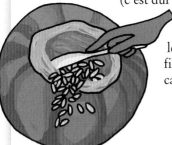 • **1 potiron de 2 kg environ (choisis
de préférence la variété « potimarron »,
au goût de châtaigne, plus savoureuse)**
• **150 g de fromage de chèvre frais**
• **3 œufs**

1. Coupe le potiron au tiers supérieur
(c'est dur ! fais-toi aider).
Avec une
cuillère, enlève
les graines et les
filaments de la
cavité.

2. Préchauffe le four à 190 °C / th 5 (chaleur
modérée). Dans un grand bol, mélange
le fromage et les œufs avec un peu de
poivre. Sale l'intérieur du potiron.

3. Verse ta préparation dans le potiron.
Recouvre-le avec son chapeau, et cale-le bien
verticalement dans un plat qui va au four.

4. Fais cuire au moins une heure
(l'intérieur doit avoir la consistance
d'un flan). Demande de l'aide pour sortir
le potiron
du four
et pour le
découper
en quartiers.

Le velouté de courgettes

Pour 4 personnes

 • **1 kg de courgettes**
• **1 oignon**
• **du lait**
• **1 cuillère à soupe d'huile**
• **1 branche d'estragon (si tu aimes)**
• **un cube de bouillon de volaille**

MATÉRIEL
• **mixeur**

1. Pèle un oignon et coupe-le en morceaux.
Lave les courgettes, enlève la base et
le sommet, et coupe-les en rondelles.

2. Fais blondir l'oignon avec l'huile dans
une grande casserole ou un faitout. Ajoute
les courgettes, et recouvre-les de lait.

3. Ajoute l'estragon, le cube de bouillon,
2 cuillères à café de sel et du poivre. Fais cuire
1/4 d'heure à feu doux, puis enlève l'estragon.

Au départ, ça n'a pas l'air appétissant, mais
— miracle ! — en la mixant, la soupe se transforme
en un superbe potage crémeux.

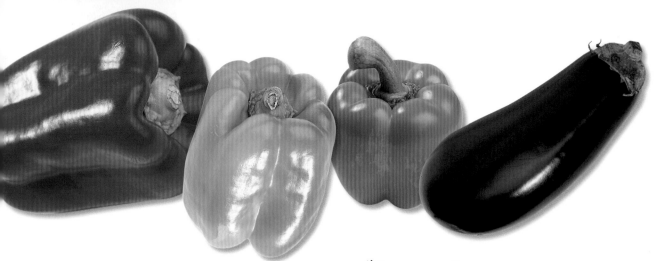

Aubergines et poivrons

L'aubergine est née en Asie ; le poivron, un piment doux, vient d'Amérique. Ces plantes appartiennent à la même famille que la tomate et la pomme de terre. Leurs « fruits » ne s'épanouissent qu'à la chaleur… et fondent de bonheur dans une ratatouille ou au four.

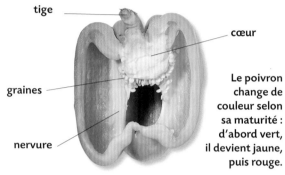

tige

cœur

graines

nervure

Le poivron change de couleur selon sa maturité : d'abord vert, il devient jaune, puis rouge.

Le caviar d'aubergines

Rien à voir avec le vrai caviar (des œufs d'esturgeon), si ce n'est un parfum à la fois fort et délicat.

Pour 4 personnes

- 2 aubergines
- 1 gousse d'ail et 1 citron
- 15 cl d'huile d'olive

MATÉRIEL
- mixeur

1. Dispose les aubergines dans un plat allant au four. Pique-les pour éviter qu'elles n'éclatent.

2. Enfourne à four chaud, 240 °C /th 7/8. Laisse-les cuire jusqu'à ce que la peau se décolle, pendant 1/2 heure environ. Mais tu peux aussi les mettre 5 à 6 minutes puissance maxi au micro-ondes, dans des papillotes de papier cuisson.

3. Laisse-les refroidir et pèle-les. Mixe leur chair dans le bol-mixeur avec l'ail. Verse la pâte ainsi obtenue dans une jatte.

4. Rajoutes-y le jus du citron, puis l'huile, en battant avec une fourchette comme pour une mayonnaise. Sale, poivre, et mets une heure au frigo.

5. Présente ton « caviar » tartiné sur des toasts décorés d'olives noires.

L'artichaut

D'origine méditerranéenne, cette plante proche du chardon était déjà consommée par les Romains. Les petits artichauts frais peuvent se manger crus, foin compris. Mais en général, tu manges la base des feuilles, et le « cœur ». Choisis des artichauts bien fermés. Lave-les, et fais-les cuire dans une casserole d'eau vinaigrée jusqu'à ce que les feuilles se détachent facilement. Égoutte-les, et sers avec une vinaigrette ou une mayonnaise allégée dans laquelle chacun trempe ses feuilles.

Carte d'identité

L'artichaut est à la fois un bouton de fleur et un légume.

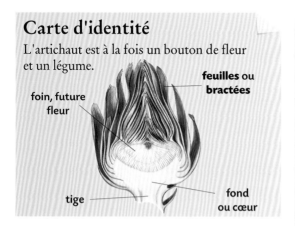

foin, future fleur

feuilles ou bractées

tige

fond ou cœur

L'avocat

Comme entrée, en potage, en salade, il défend bien sa cause, l'avocat. Son nom n'a pourtant rien à voir avec les tribunaux : il vient de l'aztèque *ahuacatl*. L'avocat est délicieux salé, poivré et arrosé de jus de citron.

Dans le creux de son noyau, tu peux mettre des sauces mélangées avec du saumon, du crabe...

La salade avocats, crevettes, pamplemousses

- 2 avocats
- 2 pamplemousses
- 100 g de crevettes
- moutarde
- crème fraîche
- sel et poivre

Tu peux aussi présenter ta salade sur une belle assiette.

1. Coupe les pamplemousses en deux.

2. Coupe leur chair sur tout le pourtour, et fais des quartiers que tu sépares de la peau.

3. Dans un récipient, mélange les morceaux de pamplemousse avec la chair des avocats coupés en tranches, et les crevettes.

4. Sale, poivre et arrose d'un mélange de 4 cuillères à soupe de crème et de 2 cuillères à café de moutarde.

5. Farcis les demi-pamplemousses.

127

Précieuses tomates !

Pas besoin de te la présenter : en sauce ou en salade, tu ne connais qu'elle ! La tomate n'a pas son pareil pour donner un coup de soleil à la cuisine…

La vedette de l'été

Originaire d'Amérique, la tomate a conquis le monde entier. Dès le XVIe siècle, elle séduit les Italiens, et, petit à petit, tous les pays du Sud l'adoptent. Difficile d'imaginer la cuisine italienne, espagnole ou provençale sans tomates ! Les tomates ont besoin de beaucoup de soleil : leur saison favorite, c'est l'été.

Pomme d'amour

La tomate a été une plante d'ornement avant d'être acceptée au potager. Pomme d'or, pomme d'amour, pomme folle…, elle a reçu bien des surnoms au fil du temps, mais elle a gardé son ancien nom aztèque : *tomatl*.

Depuis qu'on les cultive sous serre, on trouve des tomates toute l'année.

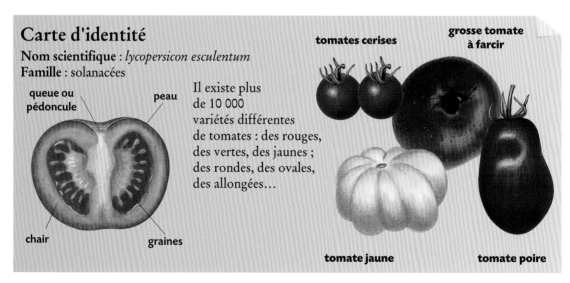

Carte d'identité

Nom scientifique : *lycopersicon esculentum*
Famille : solanacées

queue ou pédoncule
peau
chair
graines

Il existe plus de 10 000 variétés différentes de tomates : des rouges, des vertes, des jaunes ; des rondes, des ovales, des allongées…

tomates cerises

grosse tomate à farcir

tomate jaune

tomate poire

Histoires de poison

Jusqu'au XIXe siècle, certains croient encore que les tomates ne sont pas consommables. Car ses feuilles, tiges et fruits non mûrs (comme ceux des autres solanacées) contiennent un peu de solanine, une substance toxique. En 1830, un savant du nom de Johnson mange devant une assemblée d'experts un plein panier de tomates..., et survit à l'expérience. Il prouve enfin que la tomate n'est pas un poison !

Tomate minceur

À peine 15 calories pour 100 g ! Normal : la tomate est surtout composée d'eau (plus de 90 % !). Elle est bien pourvue en vitamines C, en provitamine A (qui aide à mieux voir la nuit), en minéraux, en oligo-éléments et en fibres.

La tartinette aux tomates

Pour 4 personnes

- **4 tartines de pain de campagne**
- **1 courgette**
- **2 ou 3 belles tomates**
- **1 sachet de mozzarella (fromage frais italien)**
- **quelques feuilles de basilic frais**
- **huile d'olive**

1. Lave les tomates et la courgette. Coupe-les en rondelles. Égoutte la mozzarella et coupe-la en tranches.

2. Alterne des rondelles de tomates et de courgette crue, ainsi que des tranches de mozzarella sur chaque tartine.

3. Parsème les tartinettes de basilic haché. Verse un peu d'huile d'olive par-dessus, et fais-les griller quelques minutes au four.

Peler les tomates

Pour enlever la peau des tomates, fais une petite incision sur leur « cul », et plonge-les dans une casserole d'eau que tu fais chauffer jusqu'à ébullition. Verse-les dans une passoire dans l'évier, et passe-les sous l'eau froide. La peau se détache alors facilement.

Les œufs en tomate

- **de grosses tomates**
- **des œufs, du sel et du poivre**

1. Casse un œuf dans chaque tomate creusée. Sale et poivre.

2. Fais cuire au four quelques minutes, le temps que le blanc prenne.

Les graines d'énergie

Vive les légumes secs ! Ces graines malignes sont de véritables concentrés d'énergie… fortes comme un bœuf !

On cultive **le pois chiche** depuis longtemps sur les bords de la Méditerranée. Les gousses, courtes, renferment 1 à 4 graines de couleur beige, rouge, brune ou noire.

Les plus vieux légumes

Lentilles, pois, pois chiches, fèves, haricots, soja et arachides sont des légumineuses. Les 13 000 espèces de cette grande famille ont un point commun : leurs fruits se forment dans des gousses. Les hommes préhistoriques, pas bêtes, avaient déjà compris tout l'intérêt de ces graines, très nutritives… et faciles à conserver !

Ça fait 8 000 ans que **la lentille** est appréciée ! Verte, noire, jaune, rouge ou orange, elle est toujours minuscule.

Son nom vient du mot aztèque *ayacotl*. Il existe une centaine d'espèces de **haricots** de formes et de couleurs différentes. Les gousses sont presque toutes bonnes à manger fraîches.

Pois à tout faire

Les Chinois connaissaient déjà le pois il y a plus de 4 000 ans. Fraîches, les graines sont appelées petits pois. Séchées, elles deviennent pois secs ou pois cassés. Le « pois mange-tout » porte bien son nom : tu manges la gousse et les graines.

Les Européens sont des amateurs de **fèves** depuis des milliers d'années. Les graines se développent dans des gousses épaisses, dont l'intérieur est tapissé d'une sorte de duvet blanc.

Prépare du « houmous »

Une délicieuse purée de pois chiches à tartiner sur du pain grillé !

Pour 4 personnes

- •**200 g de pois chiches en boîte**
- •**3 cuillères à soupe de crème liquide**
- •**3 cuillères à soupe d'huile d'olive**
- •**1 gousse d'ail**
- •**1 citron**
- •**sel, poivre**

MATÉRIEL
- •**mixeur**

1. Égoutte les pois chiches.

2. Verse-les dans le bol du mixeur. Ajoute l'ail pelé, la crème fraîche, le jus de citron, l'huile d'olive, le sel et le poivre.

3. Mixe le tout.

4. Verse cette purée dans une jolie jatte.

5. Présente ton houmous garni d'olives noires. Tu peux aussi le parsemer de graines de sésame.

On cultive **le soja** en Asie depuis plus de 10 000 ans. Cet extraordinaire légume sec contient 2 fois plus de protéines que la viande !

Frais ou secs ?

Les légumineuses ont plus d'un tour dans leur gousse ! Quand tu dévores les tendres haricots verts, c'est de jeunes gousses que tu te régales. Les fayots ? Ce sont les graines séchées des haricots. Certaines graines se consomment fraîches comme les petits pois. Il t'arrive même de manger des pousses de légumineuses : les fameux germes de soja (en réalité des germes de haricot mungo) des plats chinois...

Les Aztèques l'appelaient *tlacacahuatl*, ce qui a donné **« cacahuète »**. Drôle de légumineuse : on la prend souvent pour un fruit sec. En plus, ses gousses, contenant 2 à 3 graines, se développent... sous terre !

Les vrais légumes !

Jusqu'au XVIIIe siècle, le mot « légume » désignait uniquement les légumineuses. La preuve que fèves, lentilles et pois secs, si nourrissants, ont été longtemps plus importants pour les hommes que toutes les autres plantes potagères ! Les végétaux que nous connaissons aujourd'hui sous le nom de « légumes » étaient appelés « racines », « feuilles » ou « salades ».

Un concentré de protéines

Les légumes secs fournissent plein d'éléments nutritifs essentiels. Ils t'apportent autant de protéines que la viande ou le poisson, tout en coûtant moins cher. On les a d'ailleurs appelés la « viande du pauvre ». Et ils ne font même pas grossir ! On les mange, après une longue cuisson, en salades, purées, potages…

Graines de légendes

Les traditions se perdent : la « fève» de ta galette des Rois est de moins en moins souvent une vraie graine ! L'origine de cette coutume remonterait aux Romains : ils se servaient d'une fève comme jeton pour élire le roi du banquet. Les autres légumes secs ont aussi leurs légendes… Ainsi, le pois cassé porterait bonheur, le haricot éloignerait les mauvais esprits…

Jeux de mots

Ça t'ennuie d'équeuter les haricots verts, ou d'écosser les petits pois ? Pour passer le temps, profites-en pour « cuisiner » ceux qui t'entourent : combien trouverez-vous d'expressions avec un nom d'aliment : « en faire tout un fromage », « rouge comme une tomate », « mettre du beurre dans les épinards ». Dix, vingt, plus ?…

La soupe de pois cassés aux croûtons

Pour 4 personnes

- **250 g de pois cassés**
- **1,5 l d'eau**
- **1 cube de bouillon de volaille**
- **100 g de jambon ou de lard fumé coupé en dés**
- **2 gousses d'ail pelées**
- **quelques tranches de pain (sec)**
- **1 noix de beurre**

MATÉRIEL
- **mixeur**

1. Mets l'eau froide, le cube de bouillon, les pois cassés, l'ail et les dés de jambon dans une grande casserole.

2. Fais d'abord bouillir, puis laisse mijoter à feu doux pendant 1 heure, avec le couvercle pas complètement ajusté.

3. Mixe la soupe. Coupe les tranches de pain en petits morceaux (il en faut au moins 5 ou 6 par personne). Fais réchauffer ta soupe.

4. Au moment de servir, mets le beurre dans la poêle, et fais rissoler rapidement les croûtons de chaque côté. Verse-les dans les assiettes de soupe… Il faut qu'ils croustillent encore !

Pour des croûtons raffinés, aux formes originales, sers-toi de pain de mie frais et d'emporte-pièce.

La bonne association

Les protéines des légumineuses manquent d'un élément qui permet de bien les assimiler. Cet élément existe dans les céréales. Mange des légumes secs et des céréales au même repas, et tu auras ta ration de protéines ! Le couscous est un exemple de bonne association : semoule de blé et pois chiches.

Le couscous est un plat qui provient d'Afrique du Nord. Il est d'origine berbère.

La salade liégeoise

Pour 4 personnes

- 1/2 kg de haricots verts cuits (encore un peu croquants)
- 300 g de lard fumé
- 500 g de pommes de terre bouillies
- 1 oignon en petits morceaux
- 2 cuillères à soupe de vinaigre
- 10 cl de crème liquide et du sel
- 1 cuillère à soupe d'huile (de cuisson)

1. Coupe l'oignon en morceaux et le lard en dés (sans la couenne).

2. Mets les pommes de terre bouillies coupées en morceaux et les haricots cuits dans un grand saladier. Ajoute la crème et mélange. Sale (pas trop) et poivre.

3. Fais revenir l'oignon dans une poêle avec une cuillère à soupe d'huile.

4. Quand l'oignon commence à « blondir », ajoute le lard. Quand le lard est doré, ajoute le vinaigre, et verse le tout dans le saladier. À déguster aussitôt !

Les bons champignons

Ni racines ni tiges ni feuilles ni fleurs…,
les champignons sont vraiment de drôles
de végétaux ! Mieux vaut bien les connaître
avant de les inclure dans tes menus.

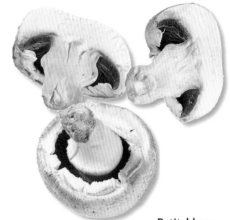

Un chapeau sur le pied !

Contrairement à la plupart des plantes, qui naissent
à partir d'une graine, les champignons se développent
à partir de filaments, appelés mycélium, produits par
de minuscules spores présentes dans le sol. S'il fait
assez humide, ils poussent parfois en une nuit !
Les hommes ne les cultivent que depuis deux siècles,
car il a fallu comprendre leur mode de reproduction.
Aujourd'hui on fait surtout pousser les champignons
de Paris sur du fumier, et les pleurotes, sur du bois.

Petit, blanc,
et rond, le champignon
de Paris, appelé aussi
champignon de couche, est cultivé
dans de nombreux pays. Il existe
aussi une variété de couleur
brune : le « champignon café ».

La girolle est aussi appelée
chanterelle. Chapeau en forme
d'entonnoir, couleur jaune, elle
sort du début de l'été à l'automne,
dans les bois de châtaigniers et de
conifères. Délicieuse !

Le coprin chevelu est facile à
repérer : blanc, tout en longueur,
avec un chapeau conique bien
fermé. Bon quand il est jeune et
frais. On le récolte du printemps
au début de l'hiver.

Le cèpe de Bordeaux, le meilleur
des cèpes, est un bolet. Il est assez
facile à reconnaître, avec l'intérieur
de son chapeau tapissé de tubes
verticaux (et non de lamelles). On
le récolte en été et en automne.

Carte d'identité

Les champignons sont des végétaux sans chlorophylle, qui tirent leur nourriture de matières organiques comme le bois, l'humus, le fumier ou la pourriture. Levures et moisissures font aussi partie des champignons.
La plupart ont un pied surmonté d'un chapeau.

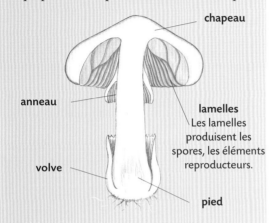

chapeau

anneau

lamelles
Les lamelles produisent les spores, les éléments reproducteurs.

volve

pied

Les champignons en salade

- **250 g de champignons de Paris**
- **3 cuillères à soupe de crème**
- **le jus d'un demi-citron**
- **sel, poivre et ciboulette**

1. Lave les champignons, essuie-les, et coupe-les en fines tranches. Mets-les dans un saladier.

2. Arrose-les de jus de citron, ajoute la crème, la ciboulette hachée, le sel et le poivre.

La trompette de la mort est également une chanterelle.

La morille est facile à reconnaître avec son pied blanc et son chapeau conique de couleur foncée, garni d'alvéoles. Délicieuse cuite (elle irrite l'estomac quand elle est crue). On la récolte au printemps.

Le chapeau de pleurote ressemble à une oreille ou à une coquille d'huître. Ce champignon pousse en touffes sur des souches. Sa saveur est délicate.

Quel plaisir de chercher les champignons ! Mais fais attention à ce que tu ramasses...

Cueillette dangereuse !

Aller aux champignons, c'est sympa : tu te balades dans les prés et les bois, tu exerces ton sens de l'observation, et tu peux ensuite cuisiner ta récolte. Mais trop d'accidents, parfois mortels, arrivent à cause de champignons toxiques ! Accompagne quelqu'un qui s'y connaît bien avant de t'aventurer à en cueillir toi-même, et surtout, ne consomme jamais des champignons que tu as récoltés sans les avoir auparavant montrés à un spécialiste (le pharmacien, par exemple).

Les champignons farcis aux amandes

Pour 4 personnes

 • 8 très gros champignons de Paris
• 400 g de chair à saucisse (déjà assaisonnée)
• 4 cuillères à soupe de poudre d'amandes
• des amandes effilées et 15 cl d'eau

1. Enlève le pied des champignons (tu les ajouteras à des pâtes). Nettoie rapidement les chapeaux à l'eau, et sèche-les bien. Préchauffe le four à 230 °C / th 7 (four assez chaud).

2. Dans une jatte, mélange avec une fourchette la chair à saucisse et la poudre d'amandes. Avec ce mélange, farcis l'intérieur des chapeaux.

3. Dans un grand plat antiadhésif, mets tes champignons farcis bien serrés pour qu'ils tiennent debout. Décore avec les amandes effilées. Verse l'eau dans le fond du plat, et enfourne pour une demi-heure.

Cette entrée, accompagnée de riz ou de pâtes, se transforme en plat unique.

Chère truffe !

Noire et rugueuse, la truffe est surnommée le
« diamant noir », tellement elle est rare et chère.
Il existe aussi des truffes blanches et jaunes. Pour
en trouver, il faut un sacré flair car elle pousse
sous terre, sur les racines des chênes. On dresse
des cochons et des chiens à la dénicher, mais on les
empêche d'en manger, car ces animaux en raffolent
autant que les humains ! On en met dans les pâtés,
les omelettes, les farces des volailles, les pâtes...

Quelques lamelles suffisent à parfumer
tout un plat. Heureusement !

Fais sécher des champignons

Les champignons se vendent frais, en boîte
ou secs. Si tu as une belle récolte (et après
vérification qu'ils sont bien comestibles !),
tu peux les faire sécher toi-même.

1. Supprime ceux qui sont abîmés ou véreux,
et ôte au maximum la terre.

2. Coupe les plus gros en tranches, et étale-les
sur une caissette en bois, en plein soleil.

3. Quand ils sont bien secs, mets-les dans
un sac en papier : ainsi tu pourras les garder
plusieurs mois sans qu'ils s'abîment.

Ne gaspille pas ta récolte !

Préparer les champignons

Les champignons aiment l'eau quand ils poussent, pas
quand tu les nettoies ! Coupe la base du pied, souvent
terreuse, et passe-les très vite sous l'eau du robinet.
• Les champignons sauvages, quand ils ne sont pas trop
sales, peuvent être juste essuyés avec un papier
absorbant.
• Fais tremper les champignons secs (cèpes, morilles…)
dans un bol, rempli d'eau tiède, pendant au moins une
demi-heure avant de les cuisiner. Remue-les pour leur
faire perdre terre ou sable, et égoutte-les bien.

Les protéines peuvent être d'excellentes nageuses…

Viande, poissons et

Pour grandir, tu as besoin de protéines... Mais sous quelle forme en consommer : viande, poisson ou fruits de mer ? Question de goût, mais aussi de bon sens. Freine un peu sur la viande, qui peut nuire à la santé. Et mets le turbo sur les habitants des mers...

fruits de mer

Tous carnivores ?

Quand tu te régales d'un steak saignant, d'un blanc de poulet ou d'un morceau de saucisson, tu prouves que tu appartiens à la grande famille des carnivores… Comme tes ancêtres !

À tous les repas !

À côté de Cro-Magnon, tu es loin d'être un vrai carnivore ! Les hommes préhistoriques récoltaient bien quelques herbes ou baies ; ils se nourrissaient parfois de poissons, mais c'était le produit de la chasse qui assurait l'essentiel de leur alimentation. Toutes les bêtes à poils ou à plumes faisaient l'affaire. Pourtant, comme toi, ils avaient déjà des préférences : un bon steak de renne bien grillé !

Le mot « viande » vient du latin du Moyen Âge *vivanda* qui veut dire « ce qui sert à la vie ».

Menu carnivore

Que manges-tu comme viande ? Du bœuf, du veau, du porc, de l'agneau, du poulet, de la dinde, du canard, du lapin… Plus rarement du gibier : lièvre, faisan, sanglier, chevreuil, biche… Peut-être as-tu déjà goûté du bison ou de l'autruche, qu'on commence à élever chez nous ? Sais-tu que les Romains connaissaient l'autruche ? L'empereur Héliogabale avait fait servir au même repas les têtes de 600 autruches… pour manger leurs cervelles !

Des goûts et des couleurs

Quand tu mords dans un steak, tu manges de la « viande rouge ». Cheval, mouton et agneau se rangent aussi dans cette catégorie. La « viande blanche », c'est par exemple celle du veau, du porc, du lapin, de la volaille. La « viande noire », c'est le gibier.

La viande apporte des vitamines B, du zinc, du phosphore, du fer et des protéines.
Ces protéines sont plus « complètes » que celles qu'on trouve dans les céréales.

Viande fraîche

Pour disposer de viande fraîche toute
l'année, les hommes ont eu l'idée d'élever
des animaux. Et pour conserver les
morceaux qu'ils ne pouvaient consommer
tout de suite, ils les ont salés, fumés,
séchés... Aujourd'hui, conserves et surgelés
permettent de manger de la viande
n'importe quand.

C'est fou !

Des veaux élevés aux hormones, et des
poulets aux antibiotiques... Des bovins
(herbivores !) nourris avec des farines
contenant des déchets de moutons
qui risquent de nous contaminer par
la « maladie de la vache folle » (encéphalite
bovine spongiforme)... Régulièrement,
des scandales éclatent, et même les
inconditionnels de la viande se posent des
questions. Il existe pourtant de la viande
de qualité, d'origine contrôlée. À préférer !

Pour ou contre ?

Pas sympa, de tuer des animaux pour se
nourrir... Les végétariens refusent d'en
manger, par respect pour la vie animale,
mais aussi pour des raisons de santé.
C'est vrai que manger trop de viande n'est
pas recommandé. Mais ne pas en manger
du tout pose aussi des problèmes. Il faut
compenser le manque de protéines par
des produits laitiers, des œufs, des céréales
ou des légumes secs.

 ### 100 kilos !

Une centaine de kilos par an et par habitant,
c'est la quantité moyenne de viande
que mangent les Européens. D'après les
nutritionnistes, c'est deux fois trop. Surtout
que d'autres pays auraient besoin, eux, des
céréales dont on nourrit le bétail...

Le bœuf et le veau

Pour toi, manger un steak, un hamburger ou une escalope, c'est banal ? Pendant des millénaires, la viande des bovins fut un symbole de richesse… et un luxe inouï !

Tête de bœuf

Symbole de force et de puissance, le taureau a été divinisé dans beaucoup de pays. Il serait à l'origine de la première lettre de notre alphabet : le A majuscule représenterait… une tête de bovin à l'envers !

Problèmes de définitions

Le bœuf est un bovin mâle castré. Mais en langage de boucher, du « bœuf » peut désigner aussi de la viande de vache ou de jeune taureau… Le veau, c'est le petit de la vache… jusqu'à un an. Après, c'est un bouvillon ou un taurillon (non castré) ou une génisse. Le veau nourri uniquement au lait a une chair pâle et tendre. S'il a commencé à manger de l'herbe, (on l'appelle alors un broutard) sa chair sera plus ferme et plus rosée.

Une riche histoire

Il y a 9 000 ans, quelque part en Grèce ou en Turquie, des hommes entreprirent de domestiquer des troupeaux de bovins sauvages pour avoir des réserves de lait, de cuir et de viande… Mais pour sacrifier un bœuf, qui peut tirer la charrue, ou une vache, qui fournit du lait, il fallait en avoir les moyens. Les Égyptiens engraissaient des bœufs qu'ils sacrifiaient à leurs dieux ou qu'ils réservaient aux grands banquets.

142

Carte d'identité

Nom scientifique : *bos*
Famille : bovidés
Le bœuf est un mammifère herbivore ruminant qui possède un estomac à quatre poches. Le mâle reproducteur est un taureau. Le jeune bœuf est un bouvillon ; la vache qui n'a pas encore eu de veau est appelée génisse.

La manière de découper la viande diffère selon les pays et les traditions.

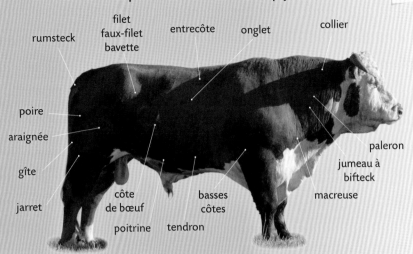

rumsteck
filet
faux-filet
bavette
entrecôte
onglet
collier
poire
araignée
gîte
jarret
côte de bœuf
poitrine
tendron
basses côtes
macreuse
jumeau à bifteck
paleron

Races en stock

Il existe beaucoup de races de bovins dans le monde. Chaque région a développé des races pour ses besoins (traction de charrue, boucherie, laiterie, corrida). Certaines sont plus robustes, ou fournissent plus de lait, ou ont une viande plus savoureuse.

Le mot « boucher » viendrait du mot « bouc », car à l'origine, les bouchers vendaient de la viande de bouc.

Hamburger

Tu crois que le hamburger est américain ? Pas si sûr ! La recette aurait été apportée en Amérique à la fin du siècle passé par des immigrés allemands, originaires de la ville de Hambourg, qui firent connaître leur spécialité locale, le steak haché à la hambourgeoise.

900 kilos...

C'est le poids d'un bœuf en moyenne. Les taureaux reproducteurs pèsent 1 200 kg. Les vedettes du Salon de l'Agriculture frisent les 2 tonnes ! Une vache de 740 kg ne fournit que 150 kg de viande tendre environ (celle des steaks et des rôtis, la plus chère). Les chercheurs espèrent obtenir des bêtes plus riches en muscles à griller.

La cuisson

Les morceaux de bœuf les plus fermes doivent se cuire longtemps dans la sauce ou le bouillon (daube, bourguignon, pot-au-feu…). Les steaks et les rôtis bien tendres se servent, selon les goûts, bleus (dorés à l'extérieur, presque crus à l'intérieur), saignants (la chair est encore rose), à point (rose seulement au centre), ou bien cuits (plus de rose).

Le bœuf à la ficelle

Pour 4 personnes

- •600 g de rôti de bœuf
- •6 petites carottes
- •6 petits navets
- •6 pommes de terre
- •3 poireaux
- •3 branches de céleri
- •4 cubes de bouillon de bœuf
- •2 litres d'eau
- •poivre

MATÉRIEL
- •ficelle alimentaire

1. Pèle carottes, navets et pommes de terre, et coupe-les en morceaux. Enlève le vert et les racines des poireaux, ainsi que la base des tiges du céleri. Coupe poireaux et céleri en deux dans le sens de la longueur, puis en tronçons.

2. Nettoie bien les légumes et mets-les dans une casserole, avec 2 litres d'eau et les cubes de bouillon. Poivre. Fais cuire 1/2 heure à feu moyen, avec un couvercle.

3. Coupe le rôti en 4 morceaux égaux (enlève la barde de graisse).

4. Ficelle chaque morceau comme un paquet-cadeau en finissant par une boucle. Glisse le manche d'une cuillère en bois dans les boucles, et pose la cuillère en travers de la casserole pour que la viande soit plongée dans le liquide.

5. Après 6 minutes de cuisson à gros bouillons, sors les morceaux de bœuf. Sers-les aussitôt dans des assiettes creuses, avec la soupe.

À déguster avec moutarde ou aïoli.

Le beurre « maître - d'hôtel »

Comment faire d'un banal steak-frites un plat de fête ?

1. Écrase à la fourchette 100 g de beurre un peu mou avec 2 branches de persil finement hachées.

2. Ajoutes-y une demi-gousse d'ail pressée et le jus d'un demi-citron. Sale, puis roule avec la paume pour en faire un cylindre de 3 cm de diamètre.

3. Après 1/4 d'heure de frigo, tu peux en couper des tranches à faire fondre sur les steaks bien chauds. Excellent aussi avec des pommes de terre au four !

Idée

Aussi bon que le beurre « maître-d'hôtel », le beurre d'anchois : 100 g de beurre et 8 filets d'anchois au sel rincés, et mixés. Inutile de saler !

Le bœuf à la catalane

Pour 4 personnes

- **700 à 800 g de macreuse ou d'onglet**
- **1 bol de mayonnaise à l'ail ou d'aïoli**
- **2 oignons**
- **300 g de concentré de tomate en boîte**
- **2 cuillères à soupe d'huile d'olive**
- **sel, poivre**

1. Émince les oignons. Prépare la mayonnaise à l'ail (voir pages 66-67). Coupe la viande en gros morceaux.

2. Mets une cuillère d'huile dans une sauteuse, et fais sauter la viande à feu vif en la remuant. Sale et poivre.

3. Quand la viande est bien dorée de tous côtés, verse-la dans une assiette à soupe.

4. Remets une cuillère d'huile dans la sauteuse, et fais cuire les oignons à feu doux.

Même crue, la bonne viande se coupe facilement.

5. Quand les oignons commencent à dorer, ajoute le jus qui a coulé de la viande dans l'assiette, le concentré de tomate, et 6 grosses cuillères de mayonnaise à l'ail.

6. Fais rapidement réchauffer la viande dans ce mélange, et sers avec beaucoup de pain (pour tremper dans la sauce onctueuse !).

L'escalope de veau panée

Pour 4 personnes

- **4 escalopes de veau**
- **1 œuf**
- **farine**
- **chapelure**
- **1 citron**
- **sel, poivre, huile**

1. Aligne devant toi 3 assiettes : une plate, une creuse, une plate. Dans la première, mets de la farine ; dans la deuxième, un œuf battu avec du poivre et une pincée de sel ; dans la troisième, de la chapelure.

2. Passe les escalopes successivement dans la farine, l'œuf et la chapelure en veillant à ce qu'elles en soient chaque fois bien recouvertes.

3. Fais-les frire à feu moyen dans une poêle avec 1/2 cm d'huile, jusqu'à ce qu'elles soient bien dorées.

4. Sers avec des quarts de citron (coupés dans la longueur) pour que chacun puisse arroser de jus l'enveloppe croustillante.

Parfait avec des tagliatelles au beurre ou à la sauce tomate.

Le porc

Pour toi, pas de repas sympa sans saucisses ou côtes de porc grillées, jambon, rillettes ou salami ? Tu ne seras pas le premier à remercier le cochon !

Dans le cochon, tout est bon !

Il mange de tout, et on mange tout chez lui, de la tête à la queue : le cochon est vraiment l'animal d'élevage idéal ! Même les plus pauvres peuvent l'engraisser. La viande de porc a longtemps été la seule consommée par le peuple. Le jour où on tuait le cochon était une fête à laquelle tout le village participait.

Du lard ou du cochon ?

La viande de porc est plus ou moins grasse selon les morceaux. Le jambon est, en général, fabriqué avec la fesse ou la cuisse du porc. Le jambon cuit est aussi appelé jambon blanc ou de Paris. Il en existe de qualités très différentes ! Les moins bons sont faits avec les restes, mis dans un moule à la forme du jambon, avec différents additifs.

La spécialité des Gaulois

Le sanglier d'Obélix était-il un porc ? Les Gaulois étaient en effet très renommés pour leur charcuterie (jambons, saucisses, boudins...). Ils la fabriquaient à partir de cochons domestiqués nourris avec des glands. La charcuterie est donc très ancienne. Mais le mot de « charcutier » (« chaircuitier » : celui qui cuit la chair) date du Moyen Âge.

Qui ose le traiter de « sale » cochon ?

Le jambon cru est soit séché soit fumé.

Carte d'identité

Nom scientifique : *sus scrofa domesticus*
Famille : suidés

Le porc, ou cochon, mammifère omnivore, a le museau terminé par un groin. Ses canines, moins impressionnantes que celles de son cousin sauvage, le sanglier, grandissent toute sa vie. Son corps est couvert de poils raides, appelés soies.

Dans le cochon, tout sert : sa chair, bien sûr... Mais aussi son sang (boudin), sa graisse (saindoux) et ses soies (pinceaux, brosses...) !

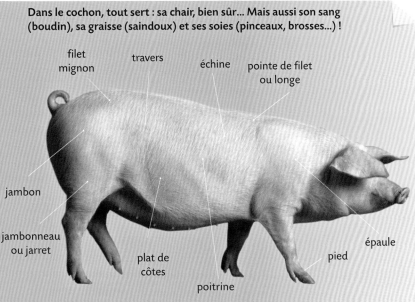

filet mignon — travers — échine — pointe de filet ou longe — jambon — jambonneau ou jarret — plat de côtes — poitrine — pied — épaule

Un bon cochon

Pour les Asiatiques, le cochon est synonyme d'abondance et de prospérité. En effet, il est bien rond, et sa femelle est capable de donner naissance deux fois par an à une douzaine de petits à chaque fois !

Portrait de famille

Il est mignon, avec sa couleur rose, sa gueule sympa, et sa queue en tire-bouchon ! On l'appelle porc ou cochon, mais le mâle reproducteur est un verrat ; la femelle, une truie ; et les petits, des cochonnets, gorets ou porcelets.

Bien cuit

On dit toujours que le cochon doit être bien cuit (à plus de 60 °C), et que sa chair ne doit plus être rosée. C'est pour la rendre plus tendre et plus savoureuse... et c'est aussi la meilleure manière d'éviter tout risque pour la santé.

Sale cochon !

On l'accuse d'être sale, mais bien soigné, il est propre. En revanche, quel goinfre ! Il se nourrit aussi bien de glands que de déchets ! On l'a surnommé « l'éboueur », et beaucoup de sociétés en ont fait un animal impur. De plus, il est parfois porteur de parasites qui peuvent provoquer des maladies. C'est peut-être l'origine de l'interdiction de manger du porc qu'on retrouve dans différentes religions (chez les juifs et les musulmans).

Les saucisses peuvent être aromatisées de différentes façons.

Le veau « masqué »

Cette recette se fait normalement avec
du veau (beaucoup plus cher). Mais
si le rôti de porc est bien tendre, on s'y
tromperait…, d'où ce nom malicieux !

Pour 4 personnes

- **1 rôti de porc dans le filet de 700 g**
- **3 tranches de jambon**
- **200 g de tranchettes d'emmental**
- **1 oignon, sel, poivre**
- **50 g de beurre**
- **40 g de farine**
- **1/2 litre de lait**
- **gruyère râpé**

MATÉRIEL
- **mixeur**

1. La veille du grand jour, tu as salé
et poivré le rôti, et tu l'as fait cuire
3/4 d'heure (1 heure par kilo) dans un plat
à gratin, au four à 250 °C / th 8 (chaud).

2. Le jour J, coupe ton rôti froid en
tranches d'1 cm d'épaisseur. Prévois autant
de carrés de 5 x 5 cm de jambon et de
fromage que de tranches de rôti.

3. Reconstitue le rôti dans le plat à gratin,
en intercalant jambon et fromage entre
chaque tranche.

4. Préchauffe le four à 220 °C / th 6/7.
Coupe l'oignon en petits morceaux, et
fais-le cuire 10 minutes à feu doux avec
le beurre, dans une casserole.

5. Ajoute la farine, et termine comme une
sauce blanche (voir page 69). Puis mixe bien
pour que l'oignon disparaisse. Sale, poivre.

6. Nappe le rôti de cette sauce. Saupoudre
de gruyère râpé. Réchauffe 20 minutes
au four avant de servir.

Tu peux faire tes friands en miniature…
avec des mini saucisses et juste un peu
de fromage râpé dessus…
…al pour l'apéro !

Les friands saucisse-fromage

Pour 4 personnes

- **40 cm de chipolatas**
- **pâte feuilletée (prête à dérouler)**
- **cantal ou roquefort**
- **1 jaune d'œuf**

1. Coupe 4 morceaux de 10 cm de
chipolatas. Pique-les avec une fourchette
pour que la peau n'éclate pas à la cuisson.

2. Déroule la pâte feuilletée. Prépare
des carrés de pâte de 10 x 10 cm.

3. Enroule la saucisse et un morceau de
cantal ou de roquefort en diagonale, sans
serrer.

4. Passe du jaune d'œuf au pinceau sur
le dessus du friand, et fais cuire 25 minutes
au four, à 230 °C / th 7 (assez chaud).

Les dés de porc caramélisés au miel

Pour 4 personnes

- **• 4 côtes de porc dans l'échine**
- **• 2 oignons et 2 gousses d'ail**
- **• 6 carottes**
- **• 4 cuillères à soupe de miel**
- **• 10 cl de sauce soja**
- **• du gingembre confit (au rayon « exotique »)**
- **• 1 cuillère à café de curry**
- **• 1 ou 2 branches de thym**
- **• 400 g de riz**

1. Désosse les côtes de porc et coupe-les en dés. Coupe le gingembre en tout petits bouts (de quoi en remplir une cuillère à soupe).

2. Émince les oignons. Pèle les carottes et fais-en des bâtonnets de 4 à 5 cm de long (c'est le plus dur de la recette…, fais-toi aider !).

3. Dans une grande sauteuse, fais revenir les oignons à feu doux dans un peu d'huile, et saupoudre-les de thym.

4. Quand ils commencent à « blondir », ajoute les carottes, les dés de viande, le miel, les gousses d'ail écrasées avec le fond d'un verre ou pressées avec un presse-ail, le gingembre et le curry.

5. Mets à feu vif, en remuant jusqu'à ce que la viande soit dorée.

6. Ajoute la sauce soja, et fais cuire à petit feu, avec un couvercle, pendant 1/4 d'heure. Juste le temps de préparer du riz !

7. Sers le riz dans un grand plat, avec la viande au milieu.

Les brochettes de porc aux bananes

Pour 4 personnes

- **• 600 g de filet mignon de porc**
- **• 2 bananes**
- **• 12 petites tranches de bacon ou de lard fumé**
- **• 10 cl d'huile d'olive**
- **• 2 cuillères à café de cannelle**
- **• 1 citron**
- **• sel, poivre**

MATÉRIEL
- **• 4 grandes piques à brochettes**

1. Coupe le porc en morceaux de 3 cm de côté. Dans un récipient, mélange l'huile, la cannelle, 1/2 cuillère à café de sel, du poivre, et le jus du citron. Imprègne bien la viande de ce mélange. Laisse reposer 1/4 d'heure.

2. Préchauffe le four à 250 °C / th 8 (chaud). Coupe les bananes en 6 morceaux et enveloppe chacun dans une tranche de bacon. Pique la viande sur les brochettes avec un morceau de banane à chaque bout et un au milieu.

3. Pose les extrémités des piques sur les bords d'un plat à gratin, et mets au four pendant 20 minutes.

4. Sers avec du riz auquel tu auras ajouté une pincée de safran après cuisson.

Tu peux aussi faire des mini brochettes pour l'apéritif… avec juste un morceau de banane et un peu de bacon.

Le mouton est aussi utile pour sa laine.

Le mouton et l'agneau

Grand méchoui ou simple barbecue, gigot du dimanche ou agneau pascal, le mouton est de toutes les fêtes !

Il pleut, il pleut, bergère...

Chèvres et moutons sont les plus anciens animaux domestiques : ça fait plus de 10 000 ans qu'ils suivent leur berger ! Leur point commun : ils supportent les conditions les plus difficiles, se contentent de peu, et ont beaucoup à offrir (viande, lait et toison). Pour survivre, le mouton a un secret : comme le chameau, il peut accumuler de la graisse, et s'en servir comme réserve...

Tendre agneau

Quand tu manges du mouton, il s'agit d'animaux d'au moins un an, mâles ou femelles. Leur goût est plus fort que celui de l'agneau. L'agneau de lait, âgé de 4 à 6 semaines, nourri uniquement au lait de sa mère, et l'agneau de 100 jours, nourri avec des aliments à base de lait, sont très tendres. L'agneau d'herbe (entre 3 et 4 mois) et le broutard (entre 6 mois et 1 an), ont une chair plus parfumée. La viande des moutons dits « prés-salés » est réputée : leur chair a pris le goût des prairies des bords de mer, imprégnées de sel, où ils ont brouté.

Carte d'identité

Nom scientifique : *ovis aries*
Famille : ovidés
Les ovins sont des mammifère ruminants recouverts d'une épaisse toison. Le mâle castré de plus d'un an est appelé mouton ; le mâle reproducteur : bélier, et la femelle, brebis. Le petit de moins d'un an est appelé agneau ou agnelle.

La cuisson

Le mouton se sert presque toujours très cuit (en ragoût, par exemple). Rôtie ou grillée, la viande d'agneau doit rester rose à l'intérieur (mais pas saignante).

L'agneau en papillote à la feta

Pour 4 personnes

• **4 tranches épaisses (1 cm environ)
de gigot d'agneau**
• **1 paquet de feta (fromage de brebis grec)**
• **huile d'olive**
• **4 feuilles de sauge**
• **sel, poivre**

MATÉRIEL
• **papier d'aluminium ou papier sulfurisé**

1. Préchauffe le four à 250 °C / th 8 (chaud).
Découpe 4 carrés de 30 cm de papier
d'aluminium ou de papier sulfurisé.

2. Déposes-y les tranches de gigot.

3. Sur chaque tranche, mets un gros
morceau de feta (20 g), une feuille de sauge,
du poivre et un filet d'huile d'olive.
Rabats les quatre coins des carrés
et froisse-les pour bien
fermer les paquets.

4. Dépose ces « papillotes » sur la plaque
du four et fais cuire 20 minutes environ.
Pense à saler la viande avant de servir.

Les brochettes d'agneau à l'orientale

Pour 4 personnes

• **800 g d'épaule d'agneau désossée**
• **1 poivron (rouge ou vert)**
• **2 yaourts**
• **10 cl d'huile d'olive**
• **1 gousse d'ail**
• **des herbes de Provence**
• **du cumin**
• **1 citron**
• **1 oignon**
• **du paprika**
• **sel, poivre**

1. Demande au boucher de te préparer
des morceaux pour brochettes.
À la maison, enlève la peau ou le gras
en trop, si besoin.

2. Trois heures au moins avant le repas
(ou la veille), mélange le yaourt, l'huile,
l'ail écrasé, l'oignon coupé en rondelles,
le jus du citron. Saupoudre de poivre,
d'herbes, de cumin (pas trop, le cumin
parfume très fort !). Mélange bien
la viande à cette « marinade ».

3. Le moment venu, prépare des petits
carrés de poivron, et préchauffe le four
à 240 °C / th 7/8 (chaud). Enfile la viande
sur les brochettes en alternant avec
les carrés de poivron et des rondelles
d'oignon mariné.

4. Saupoudre de paprika. Pose
les extrémités des piques sur les bords
d'un plat à gratin et mets au four
pendant 25 minutes. Sale avant de servir.

Sers avec du riz ou du couscous...

Poulets et compagnie

Le blanc, ou la cuisse ? Si, à table, il provoque parfois des conflits, en cuisine, le poulet aux mille recettes met tout le monde d'accord. Un représentant de choc de la fière nation des volailles.

Drôles d'oiseaux

Poules, poulets, dindons et dindes, pintades, canards, oies... Voilà la « volaille » : de drôles d'oiseaux qui ne décollent guère du plancher des vaches. Jadis, ils s'ébattaient librement dans les basses-cours des fermes. Mais avec les temps modernes, pour leur malheur et le nôtre, ils se sont retrouvés en « batterie ». Cet élevage intensif n'est pas une invention récente : les Romains le pratiquaient déjà.

Une petite visite à la ferme s'impose pour faire connaissance avec les animaux de la basse-cour.

Qui est qui ?

Le coquelet, c'est un grand poussin d'un mois et demi maximum. Le chapon, c'est un gros poulet castré et engraissé, à la chair plus savoureuse. Le poulet, c'est un animal jeune de quatre mois maximum, mâle ou femelle. Le coq, lui, est un mâle de dix-huit mois. La canette est un canard de moins de deux mois, mâle ou femelle.

Des antiquités

Seule la dinde, arrivée d'Amérique au XVIe siècle, est une « nouvelle venue ». Les autres volailles sont de vieilles connaissances. Les Romains avaient même une basse-cour plus variée que la nôtre, car on y trouvait aussi pigeons, faisans, paons et même cygnes et cigognes ! Notre poulet serait le lointain descendant d'un volatile de Malaisie. La pintade est d'origine africaine et le canard d'origine chinoise.

Il y a poulet et poulet

Le poulet ordinaire est un poulet de batterie. Il a vécu deux mois maximum, serré comme une sardine. Certains poulets, plus savoureux, bénéficient de labels et de certificats. En France, le label Rouge s'applique au poulet de batterie plus vieux (12 semaines au lieu de 8), qui a passé sa dernière semaine avec un peu plus d'espace. Le label Rouge « fermier » garantit que le poulet a bénéficié d'un carré d'herbe (2 m^2 maximum !) et qu'il a été nourri avec des céréales. Quelques poulets ont une « appellation d'origine » (poulets de Bresse...) qui leur garantit vie au grand air, bons grains, et élevage dans la région. Ces privilégiés se reconnaissent à une bague à la patte.

Vertus précieuses

Les oies gardaient jadis les temples (oies et canards ne dorment que d'un hémisphère du cerveau, et donnent l'alerte en cas de danger). Les poulets servaient à prédire l'avenir (selon leur manière de picorer le grain…). Le canard, le pigeon et la tourterelle étaient des symboles de fidélité conjugale.

Juste bien

Tu aimes le poulet ? Ne t'en prive pas ! La volaille, comme le lapin, sont recommandés par les nutritionnistes car ces viandes, peu grasses (sauf la peau) sont faciles à digérer. Le poulet doit toujours être bien cuit, mais sans excès, sinon il se défait dans la sauce ou se dessèche au four.

Les escalopes de dinde sauce moutarde

Pour 1 personne

Les escalopes de dinde peuvent être panées comme celles de veau (page 145) ou se faire à la poêle, à feu doux… Mais il leur faut une sauce qui ait du goût !

- **1 escalope de dinde**
- **1 oignon**
- **1 cuillère à café de moutarde**
- **5 cl de crème fraîche liquide**
- **sel et poivre**

1. Cuis l'escalope, 5 minutes de chaque côté, dans très peu de matière grasse, avec de l'oignon émincé (si tu aimes).

2. Dépose-la sur l'assiette, puis mets dans la poêle la moutarde et la crème liquide.

3. Sale, poivre et sors la poêle du feu aux premiers bouillons. Nappe vite l'escalope de cette sauce. À table ! Tu peux faire la même recette avec du roquefort (remplace la moutarde par 50 g de fromage par personne).

Le poulet curry-noix de coco

Pour 4 à 6 personnes

- **1 poulet coupé en morceaux ou 1 kg de cuisses et de blancs**
- **1 gros oignon**
- **3 cuillères à soupe de curry doux**
- **3 cuillères à soupe d'huile**
- **3 cuillères à café de sel**
- **2 feuilles de laurier**
- **1 gousse d'ail**
- **50 g de noix de coco râpée**

1. Coupe l'oignon en petits morceaux et fais-le revenir à feu doux dans une grande casserole, avec l'huile.

2. Quand l'oignon commence à ramollir, augmente le feu et ajoute les morceaux de poulet. Remue bien jusqu'à ce que le poulet commence à dorer de tous côtés.

Très exotique, le poulet des îles !

3. Verse de l'eau jusqu'à recouvrir le poulet. Ajoute le sel, le curry, les feuilles de laurier coupées en deux et la gousse d'ail écrasée.

4. Quand ça bout, baisse le feu et laisse cuire une bonne demi-heure. Avant de servir, vérifie l'assaisonnement et ajoute la noix de coco râpée.

Le waterzooi

(recette flamande, à prononcer « ouaterzouille »)

Pour 4 personnes

- **1 poulet coupé en morceaux**
- **3 poireaux**
- **2 branches de céleri**
- **2 oignons**
- **3 carottes**
- **1/2 bouquet de persil**
- **3 clous de girofle**
- **2 œufs**
- **20 cl de crème liquide**
- **2 cuillères à soupe de sel**
- **poivre**

1. Coupe tous les légumes en petits morceaux sauf un oignon que tu pèles seulement. Lave-les soigneusement.

2. Dans la casserole avec un peu d'huile, fais dorer à feu moyen les morceaux de poulet de tous côtés, puis ajoute les légumes émincés.

3. Fais revenir 5 minutes en remuant, puis recouvre le tout de 2,5 à 3 litres d'eau. Sale et poivre. Pique les clous de girofle dans l'oignon et ajoute-le. Laisse cuire 1 heure et demie à feu doux avec couvercle.

4. Enlève la casserole du feu. Casse les œufs dans un récipient assez grand et bats-les avec la crème. Ajoute deux louches de ton bouillon et bats encore, puis verse le tout dans la casserole en remuant.

5. Sers comme une soupe, avec des tartines de pain (de campagne, c'est encore mieux) beurrées.

Les ailerons de poulet confits à la confiture d'abricot

Pour 4 à 6 personnes

- **8 ailerons de poulet**
- **10 cuillères à soupe de sauce soja**
- **5 cuillères à soupe de confiture d'abricot (ou de miel)**
- **1 gousse d'ail**
- **piment (ou poivre)**

1. Dans un grand récipient, mélange la sauce soja et la confiture. Ajoute la gousse d'ail pressée et une pincée de piment.

2. Mets-y les ailerons et remue-les en tous sens pour qu'ils soient enduits de partout. Préchauffe le four à 250 °C / th 8 (chaud).

3. Verse 1 cuillère à soupe d'eau dans un plat à gratin, disposes-y les ailerons et arrose-les du reste de sauce.

4. Enfourne pour une demi-heure. À manger tel quel (encore meilleur avec les doigts !) ou avec une sauce au yaourt (voir page 66).

Les magrets à l'orange

Pour 4 personnes

- **2 beaux magrets de canard**
- **2 oranges non traitées**
- **1 cuillère à soupe de miel**
- **1 cuillère à café de vinaigre**
- **1 cuillère à café de cannelle**
- **sel et poivre**

1. Presse les oranges. Avec un couteau économe, coupe des zestes (de quoi remplir une cuillère à café). Incise le gras des magrets en diagonale dans un sens puis dans l'autre. Sale et poivre le côté chair.

2. Dans une sauteuse, fais cuire les magrets côté peau pendant 10 minutes à feu doux, puis verse tout le gras dans un récipient (tu le jetteras à la poubelle quand il aura refroidi).

3. Remets les magrets dans la sauteuse pour 3 minutes de cuisson côté chair, puis retire-les. Demande à un adulte de découper tes magrets en lamelles de 5 mm d'épaisseur. Récupère le jus qui a coulé de la viande.

4. À feu vif dans la sauteuse, ajoute le vinaigre, le miel, le jus d'orange, les zestes, 2 pincées de sel, la cannelle et le poivre. Fais bouillir 3 minutes, puis ajoute le jus de la viande et sors du feu.

5. Dispose les tranches de magret en éventail dans les assiettes et nappe avec la sauce bien chaude. Excellent avec un gratin dauphinois !

Canard et fruits s'accordent bien ensemble.

Rien de meilleur que le poisson frais !

La valse des poissons

Frais, en boîte, salés, fumés ou surgelés…
En filets, en morceaux ou en miettes… Ils
ont mille façons de s'inviter dans la cuisine,
les poissons. Et tu as mille raisons de les aimer !

Le roi des eaux

Un carré doré avec des yeux
dans les coins ? Ce n'est pas que
ça, le poisson ! Sais-tu qu'il en
existe plus de 20 000 espèces, de
formes, de tailles et de couleurs
très variées ? Une grande majorité
peuplent les mers, mais quelques-
uns se plaisent en eau douce.

Le poisson sans pêche

Se faire une réserve de poissons vivants n'est pas
une nouveauté : les Chinois le faisaient déjà il y a
4 000 ans ! Mais en 1733, un Allemand trouve le
moyen que des truites en captivité se reproduisent.
La pisciculture était née. Actuellement, on élève
truites, saumons, turbots, esturgeons…

Cartilage ou os ?

Il existe deux grandes
catégories de poissons :
les poissons cartilagineux
(raies, lottes, requins,
esturgeons…) et les
poissons osseux (saumon,
thon, éperlan…).

Carte d'identité

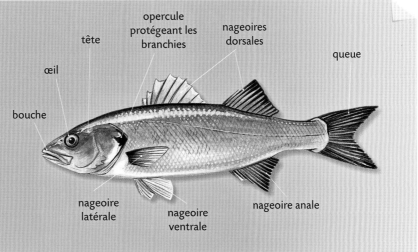

Généralement couvert d'écailles, le poisson est équipé de branchies pour respirer sous l'eau, et de nageoires pour se déplacer. Les nageoires dorsales sont parfois hérissées d'épines défensives ; les latérales et les ventrales ont une fonction stabilisatrice.

tête
œil
bouche
opercule protégeant les branchies
nageoires dorsales
queue
nageoire latérale
nageoire ventrale
nageoire anale

S.O.S. poissons !

La pêche est aujourd'hui une véritable industrie : chaque année, 80 millions de tonnes de poissons marins sont ramassées, dont plus de la moitié sont rejetées à la mer ou transformés en farine... Chalutiers et navires-usines sillonnent les eaux les plus poissonneuses, et leurs immenses filets ratissent tout sur leur passage. Résultat : la faune marine se raréfie. Les défenseurs de l'environnement réclament des réglementations plus sévères... et mieux respectées !

Alerte à la pollution

Certaines usines de distribution d'eau potable se servent de truites comme indicateurs de pollution. Si l'eau présente des défauts, la truite montre un comportement anormal, alertant les ingénieurs. La pollution des mers peut avoir de graves conséquences : la chair des poissons concentre les polluants, et peut empoisonner les populations qui se nourrissent uniquement de la pêche locale.

Ah, s'il n'y avait pas les arêtes…

Beaucoup de poissons ne posent aucun problème d'arêtes : les très gros comme le thon, les cartilagineux comme le requin et la baudroie (ou lotte)… et tous ceux dont le poissonnier « lève les filets », c'est-à-dire enlève les arêtes. La truite ou les poissons plats ont des arêtes assez facile à enlever :

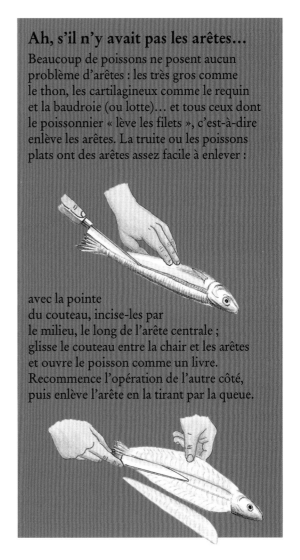

avec la pointe du couteau, incise-les par le milieu, le long de l'arête centrale ; glisse le couteau entre la chair et les arêtes et ouvre le poisson comme un livre. Recommence l'opération de l'autre côté, puis enlève l'arête en la tirant par la queue.

Les poissons d'eau douce

Tu rêves de pêches miraculeuses ? Et si le rêve commençait dans l'assiette ? À toi la puissance des torrents et la fraîcheur des lacs…

Poissons d'eau douce

Il en existe environ 200 espèces dans les lacs et rivières d'Europe, dont 73 rien qu'en France. La majorité des poissons d'eau douce européens appartiennent à la famille des cyprinidés. Ce sont les « poissons blancs » : carpes, brèmes, gardons… Les salmonidés sont représentés par deux espèces très recherchées : la truite fario et le saumon atlantique.

L'anguille
Pas de panique, ce n'est pas un serpent ! Les jeunes anguilles, appelées « civelles », sont très recherchées… et très chères. Il en faut près de 2 000 pour un kilo !
Taille adulte : peut dépasser 1 m.

Le saumon
On trouve de plus en plus de saumons d'élevage, plus ou moins bons selon leur origine et la façon dont ils ont été nourris. Se consomme nature ou fumé.
Taille : jusqu'à 1, 30 m.

La perche
Très fréquente dans les rivières et les lacs. Sa saveur est très fine.
Taille moyenne : 20 à 40 cm.

La truite fario et la truite arc-en-ciel
La truite fario fréquente surtout les torrents. La truite arc-en-ciel, originaire d'Amérique, supporte des eaux moins vives. C'est celle qu'on trouve en élevage. Délicieuse nature ou fumée.
Taille moyenne : 23 à 40 cm.

Record

Le brochet est le plus grand des poissons français d'eau douce : les femelles atteignent 1, 50 m de long et 35 kilos. Sa bouche a 700 dents !

Le brochet
Le brochet se nourrit d'autres poissons, et ne craint aucun prédateur. Sauf l'homme… qui en fait souvent des pâtés (ou quenelles), à cause de ses nombreuses arêtes.

La carpe
Les Romains ont ramené la carpe d'Asie, et elle se plaît dans nos étangs. Les carpes se mangent souvent farcies.
Taille moyenne : 40 à 60 cm.

Odeur de fraîcheur

Comment reconnaître un poisson bien frais ? Fais d'abord jouer tes narines ! Son odeur n'est pas trop forte ? Regarde-le dans les yeux : ils doivent être bien brillants (surtout pas blanchâtres !). Autres repères : sa peau est luisante, ses ouïes sont humides et d'un beau rouge vif, et son ventre n'est pas gonflé.

Anadromes ou catadromes ?

Certains poissons sont migrateurs. Les poissons anadromes comme le saumon quittent la mer pour aller se reproduire en eau douce. Les poissons catadromes comme l'anguille font l'inverse.

Le caviar, tu connais ?

Ces minuscules billes noires, en conserve, valent une fortune ! Ce sont les œufs de l'esturgeon, un grand poisson cartilagineux qui a frôlé la disparition à cause de la saveur délicate de ses célèbres œufs !

La pirogue de concombre à la truite fumée

- **1 concombre**
- **1 paquet de truite fumée**
- **1 pot de yaourt**
- **10 cl de crème fraîche**
- **sel, poivre et ciboulette**

1. Pèle un concombre, coupe les deux bouts, puis coupe-le en deux dans le sens de la longueur, et creuse-le en enlevant les pépins, un peu comme une pirogue.

2. Mélange la truite fumée, coupée en petits morceaux, avec le pot de yaourt et la crème fraîche.

3. Assaisonne avec sel, poivre et ciboulette hachée, et remplis les demi-concombres évidés de cette crème. Sers sur un lit de salade.

Le carpaccio de saumon

- **300 g de saumon en fines tranches**
- **le jus de 3 citrons**
- **5 cuillères à soupe d'huile d'olive**
- **aneth haché**
- **parmesan**

1. Demande au poissonnier de te couper de très fines tranches de saumon (dis-lui que c'est pour un carpaccio).

2. Dans un grand plat, verse le jus de 2 citrons, et étale les tranches sans les empiler.

3. Sale, poivre et recouvre d'un 3e jus de citron, de 5 cuillères à soupe d'huile d'olive, d'un peu d'aneth haché et de petits copeaux de parmesan (que tu découpes avec un couteau économe). Après une heure au frigo…, c'est cuit !

Les poissons de mer

Les poissons de mer, gravement menacés par l'excès de pêche et la pollution, disparaîtront-ils de nos tables ? Profites-en tant qu'il y en a encore…

Eternels voyageurs

Ils voyagent en solitaire ou se déplacent en bandes, ces immenses bancs de poissons traqués par les pêcheurs. Ils sont innombrables et étonnants. Toi, le terrien, va faire un tour au marché. Tu y découvriras des merveilles… et des monstres !

Les mots du poisson

Entier : comme s'il sortait du filet du pêcheur.
Vidé : on lui a ouvert le ventre pour lui enlever les entrailles.
Écaillé : certains poissons (pas tous !) sont couverts d'écailles qu'il faut gratter avant la cuisson.
En darnes : les gros poissons sont souvent coupés en tranches perpendiculairement à l'arête centrale. Faciles à manger sans s'occuper des (rares) arêtes.
En filets : le poissonnier a détaché la chair du poisson.

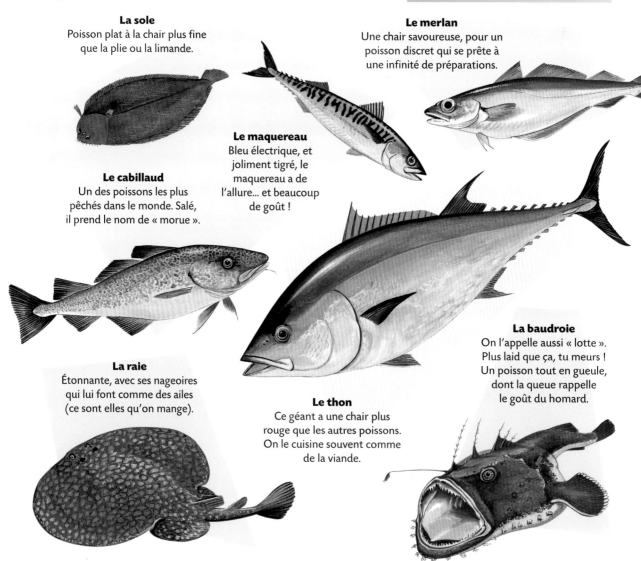

La sole
Poisson plat à la chair plus fine que la plie ou la limande.

Le merlan
Une chair savoureuse, pour un poisson discret qui se prête à une infinité de préparations.

Le maquereau
Bleu électrique, et joliment tigré, le maquereau a de l'allure… et beaucoup de goût !

Le cabillaud
Un des poissons les plus pêchés dans le monde. Salé, il prend le nom de « morue ».

La baudroie
On l'appelle aussi « lotte ». Plus laid que ça, tu meurs ! Un poisson tout en gueule, dont la queue rappelle le goût du homard.

La raie
Étonnante, avec ses nageoires qui lui font comme des ailes (ce sont elles qu'on mange).

Le thon
Ce géant a une chair plus rouge que les autres poissons. On le cuisine souvent comme de la viande.

Les patates pirates

Pour 4 personnes

- **4 très grosses pommes de terre (bio si possible)**
- **4 petits filets de sole** (ou d'un autre poisson)
- **200 g de crevettes décortiquées**
- **10 cl de crème fraîche, sel et poivre**
- **1 cuillère à café de concentré de tomate**

1. Brosse bien les pommes de terre sous l'eau, puis mets-les 3/4 d'heure sur la grille du four à 230 °C / th 7 (assez chaud).

2. Mélange dans un récipient les crevettes avec la crème, le concentré de tomate, 2 pincées de sel, 1 pincée de piment (si tu aimes) et du poivre.

3. Évide les pommes de terre ainsi « précuites » comme des barques, après leur avoir enlevé un « chapeau » d'1 cm d'épaisseur. Mets-les dans un grand plat qui va au four.

4. Remplis-les de ton mélange de crevettes, que tu recouvres avec les filets de sole (en les repliant si nécessaire). Sale les filets, et referme les pommes de terre avec leur chapeau. Enfourne pour 1/4 d'heure.

5. Sers tes navires, ornés d'un drapeau de pirate, sur un océan de haricots verts ou de pois gourmands.

La tapenade de thon

- **1 boîte d'olives noires dénoyautées**
- **1 boîte de thon à l'huile**
- **60 g de beurre**
- **le jus d'un demi-citron**
- **2 cuillères à café de moutarde**

Tous les parfums de la Méditerranée !

1. Mixe tous les ingrédients (égouttés) dans un bol mixeur.

2. Mets au frigo 1 heure.

3. Sers en entrée sur des toasts, ou comme sauce pour des pâtes.

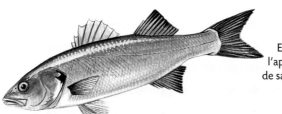

Le bar
En Méditerranée, on l'appelle « loup » à cause de sa férocité. Et on l'adore avec du fenouil.

Les aventures du poisson plat
La sole, la limande ou la plie naissent avec la même forme que les autres poissons, mais un beau jour, ils se couchent sur le côté, s'aplatissent… et leur œil caché se tourne pour rejoindre l'autre…

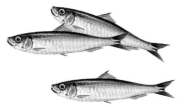

La sardine
Ce petit poisson ne se plaît qu'en groupe. Et il finit souvent sa vie en nombreuse compagnie… en boîte !

Les fruits de mer

Certains gourmets font des kilomètres pour se régaler d'un plateau de fruits de mer !

Drôle de cueillette ! Les fruits de mer ne poussent pourtant pas sur des algues… Bizarres et délicieux, ils sont synonymes de luxe et de raffinement.

Les durs

Impressionnants, les crustacés, avec leur tête hérissée d'antennes et leurs cinq paires de pattes souvent terminées par des pinces puissantes ! Leur carapace solide ne suffit pas à les protéger… de notre gourmandise. Car cela fait longtemps que les hommes ont compris que leur chair était excellente. Homards, langoustes, langoustines, crabes, crevettes… Quelle brochette !

Métamorphose d'un homard

As-tu déjà vu un homard vivant « nu », sans sa carapace ? Une dizaine de fois dans sa vie, le homard mue… et abandonne son costume pour un plus grand.

Marche aquatique

Rares sont les crustacés qui se plaisent en eau douce (sauf les écrevisses). La plupart vivent en mer. Sais-tu qu'ils ne nagent pas, mais qu'ils marchent dans l'eau ? L'écrevisse peut même « avancer » à reculons ! Sur les étals des poissonniers, les crustacés sont souvent roses. Ce n'est pas leur couleur normale. À la cuisson, un pigment rouge, le carotène, leur donne cette couleur si appétissante.

Tout compte !

Les crevettes sauvages des mers froides sont bien meilleures que les autres… Et leur prix nettement plus élevé, y compris en boîte. Pour les crabes en boîte, aussi il y a d'énormes différences de qualité et de prix ! Tout compte : l'espèce, la provenance, et le type de morceaux (les pattes sont plus savoureuses… et plus coûteuses).

Bande de mous

Les gastéropodes (escargots, bigorneaux…) et les bivalves (huîtres, moules, coquilles Saint-Jacques, palourdes, clovisses…), tu les connais mieux sous leur nom – nettement plus poétique ! – de coquillages. Ils forment avec les céphalopodes (calamars, seiches, poulpes…) la grande famille des mollusques. Une famille haute en couleurs et riche en goûts… car la plupart sont comestibles ! Leur corps tout mou est protégé par une coquille ou soutenu par une structure interne, dure (qu'on appelle « os » chez la seiche).

Les poulpes géants peuvent atteindre 9 m de long. Heureusement, ils ne fréquentent que les grandes profondeurs !

Attention !

La pêche aux moules et aux coquillages est une activité sympa... Mais ton Copain de la cuisine te déconseille de consommer ta récolte, sauf si tu as pêché avec des gens du coin qui connaissent bien les zones sans danger. Car les mollusques concentrent facilement les polluants, et il peut leur arriver d'être contaminés par une algue très toxique !

Chers crustacés

Exception faite des crevettes, les crustacés sont très chers. Sur le lieu de pêche, ils sont un peu moins coûteux, et garantis tout frais ! Profite de tes séjours en bord de mer pour en goûter. On les cuit en général en les plongeant vivants dans l'eau bouillante. Certains les découpent aussi vivants. Dur, dur ! Les « endormir » au congélateur avant de les cuire serait une méthode plus douce… Parfois, il vaut mieux faire semblant de ne pas savoir !

Les moules à la crème

Pour 4 personnes

•**3 kg de moules**
•**des légumes (oignon, carotte, poireau, céleri, poivron, persil, etc. selon ton goût)**
•**20 cl de crème fraîche**

1. Selon la provenance, les moules doivent être nettoyées ou sont prêtes à l'emploi. Dans le premier cas, il faut les gratter pour enlever les algues et tirer les « barbes » coincées dans leur coquille. De toute façon, il faut les laver à grande eau.

2. Coupe tous les légumes en petits morceaux, et fais-les revenir à feu moyen avec un peu d'huile, dans une très grande casserole.

3. Quand ils commencent à ramollir, ajoute les moules, la crème fraîche, et mets à feu vif, avec un couvercle.

4. Remue de temps en temps. En moins de 10 minutes, toutes les moules sont grandes ouvertes… et c'est prêt !

Les hommes préhistoriques mangeaient déjà des moules… mais pas aussi bien cuisinées !

Les gambas à la vahiné

Pour 4 personnes

•**3 ou 4 gambas par personne (suivant la taille)**
•**1/2 poivron rouge**
•**1 oignon et du sel**
•**2 gousses d'ail pelées et pressées**
•**1 petite boîte de lait de coco**
•**1 cuillère à café de curry**

1. Nettoie le demi-poivron à l'eau. Enlève bien les graines. Coupe l'oignon et le demi-poivron en petits morceaux. Fais-les cuire 10 minutes à feu doux dans une sauteuse, avec deux cuillères à soupe d'huile.

2. Ajoute ensuite les gambas, à feu vif, en les retournant pour qu'elles dorent des deux côtés.

3. C'est maintenant le tour du lait de coco, de l'ail et du curry.

Sers les gambas en entrée ou en plat avec du riz. Décore avec du persil.

4. Sale et laisse cuire encore 5 minutes, toujours à feu vif.

Le calamar farci

Pour 4 personnes

- **1 calamar nettoyé de 30 cm**
- **300 g de chair à saucisse**
- **1 oignon**
- **2 gousses d'ail**
- **4 branches de persil**
- **10 olives noires dénoyautées**
- **huile d'olive**

1. Émince l'oignon et fais-le revenir 10 minutes à feu doux avec une cuillère à soupe d'huile.

2. Rince le persil et coupe-le avec des ciseaux dans un verre. Coupe les olives en deux.

3. Épluche les gousses d'ail et écrase-les. Mélange tous ces ingrédients avec la chair à saucisse.

4. Coupe le bout de la queue du calamar, et rince-le à l'eau en le remplissant comme une baudruche percée.

5. Farcis-le ensuite avec ton mélange jusqu'à ce qu'il soit rempli jusqu'au bout.

6. Préchauffe le four à 210 °C / th 6 (chaleur moyenne).

7. Installe le calamar dans un plat qui va au four, arrose-le d'un filet d'huile d'olive. Enfourne pour 1/2 heure. Sers avec du riz au safran.

Si tu ne trouves pas de grand calamar, tu peux le faire avec des petits, en réduisant le temps de cuisson.

La salade crabe-pommes

Pour 2 personnes

- **1 petite boîte de chair de crabe**
- **2 feuilles de laitue bien nettoyées et essorées**
- **1 pomme (verte, de préférence)**
- **2 cuillères à soupe de mayonnaise (maison ou en boîte)**
- **le jus d'un demi-citron**

1. Émiette la chair de crabe et mélange-la avec la mayonnaise et le jus de citron. Sale et poivre. Garnis 2 coupes en verre avec les feuilles de laitue, et sers-t'en comme d'un nid pour le crabe.

2. Mets au frigo 1 heure à l'avance. Avant de servir, pèle la pomme, coupe-la en dés que tu rajoutes à ta salade.

Brillants, colorés, les fruits sont aussi beaux que des pierres précieuses. Et ils sont un trésor pour ta santé !

Les fruits

Ils croquent sous la dent, fondent dans la bouche. Grâce à eux,
tu fais le plein de saveur et d'énergie à toute heure de la journée...
Mais de l'entrée au dessert, tu peux en faire tout un plat !
Eh oui, les fruits aussi se cuisinent !

Les fruits à pépins

Avec les fruits à pépins, croque la vie à belles dents ! Pommes et poires sont trop… gnons : elles permettent des centaines de recettes sans… ennuis !

Le fruit défendu ?

C'est le plus vieux fruit connu... Sacrée pomme ! Rouge, verte ou jaune, ronde ou bosselée, douce ou acidulée, elle est si appétissante qu'il est presque impossible de lui résister ! Pour une simple pomme, Adam et Ève ont perdu le paradis, et Blanche-Neige a failli s'endormir pour toujours... À vrai dire, hommes et femmes craquent pour elle depuis des siècles, et lui ont permis de prospérer. Du temps des Romains, on en connaissait déjà une quarantaine de sortes.

Carte d'identité

Famille : *rosacées*

Le mot pomme vient du latin *pomum* qui veut tout simplement dire « fruit ».

pépins (graines)

cœur

queue ou pédoncule

chair

sépales

peau ou pelure

Aujourd'hui, on recense plus de 7 000 variétés de pommes !

Le choix de la variété

Dans nos pays, pommes et poires se récoltent à la fin de l'été. Mais on en trouve toute l'année, conservées en chambre froide ou venues du bout du monde. Certaines variétés sont meilleures crues, d'autres cuites. Chez un marchand de fruits et légumes ou au marché, tu peux te faire conseiller. Difficile d'échapper, pour les pommes, à la golden, douce mais souvent fade, à la granny smith, très acide, et aux autres ultrabrillantes, mais pas toujours ultraparfumées. Essaie les reinettes, bertrane, cox orange... ou d'anciennes variétés aux noms oubliés...

À pleines dents

Un dicton anglais affirme qu'« une pomme chaque matin chasse le médecin ». On dit aussi qu'une pomme le soir favorise le sommeil… En plus, mordre dans une pomme, ça tonifie les gencives et les dents.

Poires et compagnie

Il y a des rondes et il y a des longues...
Mais elles ont toutes cette forme si
caractéristique ! Juteuses, sucrées,
les poires fondent dans la bouche.
Ça tombe bien : il faut les manger
sans tarder ! D'aspect, les coings leur
ressemblent un peu. Mais ils ne sont bons
que très cuits, cuisinés ou transformés
en gelée ou en pâte de fruits.

Pour mieux les manger

C'est près de la pelure des pommes et des
poires qu'il y a le plus de vitamines. Évite
donc de les peler si tu les manges crues,
mais lave-les bien pour éliminer saletés,
pesticides et insecticides. La pomme peut
se peler en ruban : quelques experts
arrivent à ne faire qu'une seule pelure
de haut en bas ! Mais c'est plus facile
de peler pommes et poires après les
avoir coupées en morceaux.

Une fois coupés, ces fruits s'oxydent au contact
de l'air : du jus de citron les empêchera de brunir.

Pour vider les pommes

Tiens la pomme
d'une main au-
dessus d'une surface
solide (table ou
plan de travail) et
de l'autre, enfonce
fermement le
vide-pomme autour
de la queue, bien
verticalement,
jusqu'à ressortir de
l'autre côté. Puis fais
faire un quart de
tour au vide-pomme
pour sortir le cœur.

La salade poires-roquefort

- 2 belles poires
- des feuilles de salade
- 100 g de roquefort
ou d'un autre « bleu »
- quelques cerneaux de noix
- vinaigrette

1. Pèle les poires et enlève leur
cœur. Coupe-les en fines tranches.

2. Ajoute de la salade.
Saupoudre de morceaux de
roquefort et de noix.

3. Assaisonne avec la vinaigrette.

Tu peux présenter ta salade
(ici avec des feuilles d'épinards)
sur des tartines.

Les pommes au four farcies au pain d'épices

Pour 4 personnes

- **4 pommes (des reinettes si possible)**
- **du miel**
- **6 tranches de pain d'épices**
- **crème fraîche et beurre**

Matériel
- **un vide-pomme**

1. Lave bien les pommes, et enlève leur cœur avec un vide-pomme.

2. Préchauffe le four à 240 °C / th 7/8 (chaud). Mets chaque pomme ainsi évidée sur une tranche de pain d'épices dans un plat beurré.

3. Coupe le restant du pain d'épices en petits morceaux. Remplis-en les pommes, et verse une cuillerée de miel par-dessus.

4. Mets au four jusqu'à ce que tes pommes caramélisent (une demi-heure environ, cela dépend de la variété des pommes).

5. Sers avec de la crème fraîche.

Idées

Tu peux farcir les pommes avec de la confiture ou un carré de chocolat, et les servir surmontées d'une boule de glace...

La tarte poires - chocolat - coco

Pour 6 personnes

- **1 pâte brisée maison (voir page 80)**
- **750 g de poires au sirop (égouttées)**
- **2 œufs**
- **60 g de sucre en poudre**
- **1 cuillère à soupe de farine**
- **2/3 de brique de crème fraîche**
- **150 g de chocolat pâtissier (noir)**
- **un peu de noix de coco râpée**

Matériel
- **mixeur ou robot**

1. Mixe les poires dans un grand récipient.

2. Ajoute les œufs, le sucre, la farine, la crème fraîche, et fouette bien.

3. Préchauffe le four à 220 °C / th 7.

4. Étale la pâte brisée dans un moule à tarte. Verse ta préparation sur la pâte.

5. Mets ta tarte à cuire pendant 40 minutes environ.

6. Coupe le chocolat en morceaux et fais-le fondre (2 minutes au micro-ondes, puissance minimum ou une dizaine de minutes au bain-marie, voir page 196).

7. Nappe ta tarte de chocolat fondu et saupoudre-la de noix de coco. Déguste-la bien froide.

Poire, chocolat et noix de coco font bon ménage !

La « pommembert »

Des boules de pâte qui cachent des pommes… qui cachent du camembert ! Une sacrée surprise pour tes invités… réussie, rassure-toi !

Pour 4 personnes

 • **4 pommes à cuire qui ne ramollissent pas trop à la cuisson**
  • **1/2 camembert**
• **1 pâte feuilletée prête à dérouler**
• **1 jaune d'œuf**

MATÉRIEL
• **1 vide-pomme**
• **1 pinceau de cuisine**

1. Lave les pommes. Enlève leur cœur avec le vide-pomme. Mets-les dans un plat qui va au four, et fais-les précuire 1/4 d'heure à 230 °C / th 7 (assez chaud).

Idée

La force du camembert se marie bien avec la douceur de la pomme. Mais tu peux utiliser un autre fromage pour cette entrée.

2. Demande à un adulte de les sortir du four.

3. Enlève les croûtes du camembert. Quand tes pommes ne sont plus chaudes, remplis-les de fromage, en tassant bien.

4. Coupe ta pâte en 4. Emballe chaque pomme dans 1/4 de pâte, en l'étirant délicatement si nécessaire. Ferme tes balluchons en pinçant bien la pâte.

5. À l'aide d'un pinceau de cuisine, badigeonne-les de jaune d'œuf. Remets-les au four 20 minutes.

Les fruits à noyau

Ah le parfum de la cerise, de l'abricot ou de la pêche bien mûre ! Nature ou apprêtés, les fruits à noyau sont à fondre de plaisir.

Coques en stock

Quel point commun y a-t-il entre la cerise, l'abricot, la prune et la pêche, à part que tu les adores ? Facile ! Ils ont un noyau dur comme du bois. On les appelle des « drupes » : la graine de ces fruits charnus (l'amande) est bien protégée par une coque. Cette amande a un bon goût... d'amande, mais elle contient une substance toxique, l'acide cyanhydrique : à ne consommer qu'à faible dose !

La couleur des prunes peut aller du jaune clair au violet foncé.

Nectarines et **brugnons** appartiennent à la même famille que la pêche. Tous deux ont la peau lisse. Où se cache donc la différence ? On ne la repère qu'au noyau. Celui du brugnon est attaché à la chair, tandis que celui de la nectarine est libre. Comme pour la pêche, il existe des variétés jaunes et blanches.

La pêche est originaire de Chine, où elle est connue depuis plus de 3 000 ans. Une légende de là-bas dit qu'elle rend immortel... Sa peau duveteuse adhère plus ou moins à la chair, selon les variétés. Blanches ou jaunes, elles sont toutes excellentes quand on les mange bien mûres.

Le pruneau est une prune séchée. Avant, c'était au soleil... Maintenant, il se ratatine dans de grands fours. Pour devenir pruneau, la prune doit être d'une variété très sucrée, à chair ferme. Le plus célèbre est le pruneau d'Agen.

L'abricot vient de Chine, comme la pêche. Il est très parfumé quand il n'est pas cueilli trop vert. Sinon, il est farineux et sans goût.

La prune aussi viendrait de Chine... Mais dès la préhistoire, on la consommait dans beaucoup d'autres régions. Rouges, vertes, jaunes ou bleues, petites ou joufflues, sucrées ou acidulées, les prunes t'offrent un large éventail de couleurs et de saveurs.

La cerise. Tu en fais facilement des boucles d'oreilles car elle est attachée en grappes au cerisier par une longue queue. Jaune ou rouge, elle peut être douce ou acide. La cerise sauvage est appelée merise. C'est un fruit à noyau... mais aussi un fruit rouge.

Fruit bonne mine

T'as pas la pêche ? Alors, mange... des abricots ! Bourrés de provitamine A excellente pour la peau et pour voir la nuit, ils contiennent en plus une bonne dose de minéraux et d'oligoéléments (magnésium, calcium, fer...).

As-tu les oreillons ?

Ce n'est pas seulement une maladie d'enfants. C'est aussi le nom des demi-abricots en conserve.

Les minichaussons aux pruneaux

Pour 6 chaussons

- **1 pâte feuilletée prête à dérouler**
- **12 pruneaux dénoyautés**
- **1 cuillère à soupe de crème fraîche épaisse**
- **1 petit pot de fromage blanc**
- **1 sachet de sucre vanillé**
- **1 cuillère à café de cannelle**

MATÉRIEL
- **mixeur**

1. Mixe tes ingrédients pour en faire une crème qui servira de farce.

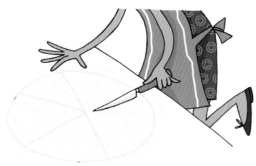

2. Coupe ta pâte en 6 triangles. Dispose un petit tas de crème au milieu de chaque triangle.

3. Replie chaque coin, et soude bien les bords.

4. Mets à cuire 20 minutes à 240 °C / th 7/8 (four chaud).

Le gratin pêches - abricots

Pour 4 personnes

- **2 pêches (ou brugnons)**
- **4 abricots**
- **50 g de sucre**
- **100 g de crème fraîche**
- **2 jaunes d'œufs**

MATÉRIEL
- **4 ramequins ou petits moules allant au four**

1. Lave bien les fruits, coupe-les en morceaux (enlève les noyaux, bien sûr), et dispose-les dans les ramequins.

2. Dans un grand bol, mélange les jaunes d'œufs avec le sucre et la crème.

3. Verse ce mélange sur les fruits.

4. Allume le gril du four et mets à gratiner environ 10 minutes à 290 °C / th 10 (chaleur vive). Surveille bien, la crème doit juste dorer.

Idée

Tu peux faire cette délicieuse recette avec d'autres fruits juteux : poires, fraises...

Un gratin de fruits en dessert, quel plaisir !

La mousse aux abricots

Pour 4 personnes

- 300 g d'abricots
- 300 g de fromage blanc à 20 % de matière grasse
- 2 œufs et 80 g de sucre
- 6 gouttes d'extrait de vanille
- amandes effilées (facultatif)

MATÉRIEL
- mixeur, batteur ou fouet

1. Mixe les abricots lavés et dénoyautés. Ajoute à cette purée le fromage blanc, le sucre et la vanille. Sépare les blancs d'œufs des jaunes. Mélange les jaunes à ta préparation (voir page 48).

2. Dans un autre récipient, bats les blancs en neige avec un batteur ou un fouet (voir page 48).

3. Ajoute-les délicatement à ta préparation : c'est cette « neige » qui va transformer la crème d'abricots en mousse.

4. Verse le tout dans de jolies coupes. Mets au moins une heure au frigo avant de servir.

En guise de déco, tu peux parsemer tes mousses d'amandes effilées. Tu peux ajouter quelques morceaux d'abricots.

Les pêches cœur de glace

Pour 4 personnes

- 4 belles pêches (variété dite « de conserve » dont le noyau s'enlève facilement)
- 1 sachet de sucre vanillé
- glace à la vanille
- confiture de fruits rouges
- amandes effilées

1. Pèle les pêches, coupe-les en 2 et ôte le noyau. Fais cuire les demi-pêches quelques minutes dans une casserole avec un verre d'eau et le sachet de sucre vanillé.

2. Égoutte-les, puis mets-les à rafraîchir 1 ou 2 heures au frigo. Au moment de servir, referme les pêches avec de la glace à la vanille à la place du noyau. Décore avec la confiture et les amandes.

Pour peler les pêches

Certaines pêches ont la peau qui se pèle difficilement. Pour l'enlever, demande à un adulte de les plonger une minute dans l'eau bouillante, puis de les passer sous l'eau froide.

Les fruits rouges

Tu ne peux résister quand fraises, framboises et groseilles rougissent les étals… C'est vrai que ces amours de fruits ne durent que le temps… de te les mettre sous la dent !

Le temps des fraises

Les fraises des bois sont connues depuis la préhistoire, mais ce ne sont pas les ancêtres des belles fraises actuelles ! C'est un ingénieur appelé… Frézier (!) qui, au XVIIIe siècle, ramena d'Amérique des plants de fraisiers qui produisaient des fraises énormes. Depuis lors, elles sont cultivées et croisées entre elles. On crée sans cesse de nouvelles variétés, mais pas toujours pour notre plaisir. Que penser de ces fraises maousses costaudes, qui nous envahissent dès la fin de l'hiver ? Elles se transportent facilement, mais n'ont aucune saveur ! Heureusement, il arrive aussi que l'invention soit délicieuse. Pour preuve, deux variétés assez récentes, la délicate gariguette, et la mara, au parfum de fraises des bois.

Attention fragiles !
Tous les fruits rouges sont très fragiles. Lave-les vite, et ne les laisse jamais tremper.

Carte d'identité

Famille : *rosacées*

Le fraisier se développe en émettant des stolons : de longues tiges qui s'enracinent toutes seules dans le sol, et donnent naissance à de nouveaux plants.

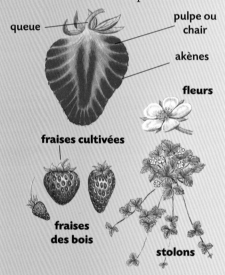

queue

pulpe ou chair

akènes

fleurs

fraises cultivées

fraises des bois

stolons

Tout le monde croit que la fraise est le fruit du fraisier. Botaniquement, c'est faux : quand tu mords dans une fraise, ce n'est pas un fruit que tu manges, mais près d'une centaine ! Les vrais fruits, ce sont les petits grains bruns que tu vois à la surface, les akènes. Sais-tu que les fraises contiennent plus de vitamines C que les oranges ? Une raison de plus pour t'en gaver, sauf si tu es allergique.

Vous avez dit rouges ?

On les appelle des fruits rouges, mais… les mûres peuvent être jaunes, rouges, ou noires. Les myrtilles et les cassis sont bleutés. Les groseilles peuvent être rouges… mais aussi vertes, la couleur opposée ! Les cerises posent moins de problème… sauf que ce ne sont pas des baies, comme les autres, mais des fruits à noyau !

De vraies sauvages ?

Framboises et mûres font partie de la même famille que les fraises. Ce sont des baies, composées de nombreux petits fruits attachés les uns aux autres, qu'on appelle des drupéoles. Chacun contient une petite graine, la drupe. Mais les framboises sont le plus souvent cultivées, tandis que les mûres sont surtout sauvages. Tu les cueilleras sur une ronce griffue au détour d'une balade…

Le lait aux fraises

Il te faut, par personne, un demi-verre de lait bien froid, une cuillère de lait concentré sucré, quelques fraises lavées et équeutées. Mixe tout ensemble et verse le mélange mousseux dans un joli verre. Un goûter sympa à préparer pour les copains !

Le chaud-froid aux fraises

- 500 g de fraises
- sucre brun
- glace (parfum au choix)

1. Lave les fraises, enlève les queues, et dispose-les dans un plat qui va au four.

2. Saupoudre-les abondamment de sucre brun.

3. Mets le four sur position gril, chaleur maximum. Dès que ton four est bien chaud, mets-y ton plat 5 minutes, juste le temps que le sucre commence à caraméliser.

4. Sers tout de suite dans des coupes, avec une boule de glace.

Ajoute un peu de crème chantilly et des groseilles… Irrésistible !

Le clafoutis se fait avec des cerises entières. Donc en le mangeant, tu tomberas forcément...
sur des noyaux.

Le clafoutis aux cerises

Ce flan doit sa célébrité aux rouges cerises !
Même s'il est aussi bon garni d'autres fruits
(raisins, abricots, poires, figues…).

Pour 4 personnes

- **250 g de cerises**
  (les plus foncées possible)
- **3 œufs**
- **70 g de sucre en poudre**
- **70 g de farine**
- **1/3 de litre de lait**
- **une noisette de beurre**

1. Beurre un plat antiadhésif qui va au four
(moule à manqué, par exemple). Préchauffe
le four à 250 °C / th 8 (chaud).

2. Range les cerises bien serrées dans
le fond du plat.

3. Dans un grand bol, fouette avec une
fourchette les œufs et le sucre jusqu'à ce
que ton mélange blanchisse.

4. Ajoute la farine et le lait, en mélangeant
bien. Verse ta préparation sur les cerises.

5. Enfourne ton clafoutis pour 35 minutes.

Astuces

Si tu as des grumeaux dans la pâte, un
petit coup de mixeur, et le tour est joué !
Si ton clafoutis brunit trop vite, demande
à un adulte de mettre un papier
d'aluminium par-dessus.

Le délice aux fruits rouges

Pour 3 ou 4 personnes

 • **100 g de fraises** • **100 g de cerises** • **100 g de framboises** • **du miel liquide**

MATÉRIEL
• **film alimentaire et mixeur**

1. Nettoie délicatement les fruits à l'eau. Pour les fraises, fais-le avant de leur enlever la queue afin qu'elles gardent leur goût.

2. Enlève les noyaux des cerises.

3. Verse les fruits dans un grand bol, et mixe-les avec le miel.

4. Mets le bol au frigo toute une nuit en le couvrant d'un film transparent pour qu'il ne prenne pas le goût des autres aliments. Ton dessert sera « pris ».

5. Sers dans des ramequins ou des petites coupes.

Les fruits rouges à la nage...

... dans une mer sucrée et parfumée ! Un rêve de salade de fruits tout en couleurs et en saveurs !

Pour 4 personnes

• **700 g de fruits rouges** par exemple : **150 g de fraises** - **150 g de framboises** - **100 g de mûres** - **100 g de cassis** - **100 g de groseilles** - **100 g de fraises des bois** • **2 fleurs de badiane (de l'anis étoilé)** • **1 citron vert** • **50 g de sucre** • **1/4 de litre d'eau**

1. Mets dans une casserole 1/4 de litre d'eau, le zeste du citron vert, le sucre et les fleurs de badiane, et fais bouillir 5 minutes. Laisse refroidir.

2. Nettoie rapidement les fruits.

3. Puis équeute ou égrappe-les, et verse-les dans le liquide refroidi.

4. Garde au frais au moins 3 heures avant de servir dans un joli plat.

Tu peux même servir ta salade dans un original saladier de glace ! (Voir page 51.)

Les agrumes ensoleillés

Un rayon de soleil en plein hiver ! Pas seulement à cause de leur couleur : grâce à eux, tu fais le plein de vitamines et de tonus !

Fruits de Chine

Les agrumes ont tous un air de famille, avec leur écorce couleur soleil, qui protège une chair juteuse et acide. Tu les crois originaires de Méditerranée ? La plupart viennent de Chine.

On confond souvent **pamplemousse** et **pomélo**. Le pamplemousse a une écorce épaisse. Le pomélo, à l'écorce plus fine, a une saveur plus douce.

Le citron vaut une pharmacie à lui seul ! Non seulement il est riche en vitamine C, mais il est antiseptique et soulage les piqûres d'insectes. Le « citron vert » est une lime, le fruit du limettier.

Il existe deux sortes d'oranges, **les oranges douces** et **les oranges amères**, ou **bigarades**, qu'on consomme surtout en confiture.

La mandarine

Elle doit son nom à la couleur de la robe des fonctionnaires chinois, les mandarins. Son excès de pépins… excède les consommateurs, qui lui préfèrent la clémentine. Cette dernière a été inventée en 1902 par le père Clément, qui a eu l'idée de croiser les fruits du mandarinier et de l'oranger amer.

Les oranges givrées

- **4 grosses oranges à la peau épaisse**
- **le jus d'1 citron**
- **25 cl de crème fraîche**
- **10 cuillères à soupe de sucre**

MATÉRIEL
- **passoire fine (chinois)**

1. Coupe la tête des oranges, côté opposé à la queue. Avec une cuillère, évide l'intérieur de chaque orange au-dessus d'un récipient. Attention à ne pas déchirer l'écorce pendant l'opération !

2. À l'aide d'une passoire fine (chinois), filtre le jus. Mélange-le avec la crème fraîche, le sucre et le jus de citron. Remplis les oranges de ce mélange.

3. Recouvre-les de leur chapeau, et mets-les au congélateur pendant trois heures. Sers aussitôt.

Ne te « brûle » pas la langue en voulant goûter trop vite l'orange givrée ! Commence à la manger doucement...

Porte-orange

Fabrique un support pour tes oranges avec un rouleau de papier-toilette vide. Découpe une rondelle de carton de 0,5 cm de hauteur par orange et décore-la, en la peignant ou en l'emballant de papier crépon coloré. Pose chaque orange dessus pour les mettre au congélateur et les servir.

Le melon et la pastèque

Il fait chaud… Il fait soif. Voici, pour te rafraîchir, en quelques tranches… l'histoire du melon et de la pastèque !

Rond, rond, rond le melon

Pour les botanistes, le melon est un légume. Il appartient à la famille des cucurbitacées, de même que sa cousine la pastèque. Les Romains le connaissaient déjà et le mangeaient vinaigré et poivré. À force d'améliorations, le melon est devenu de plus en plus savoureux et sucré. Le roi des melons est le Charentais, appelé aussi « de Cavaillon », parce qu'il est souvent cultivé en Provence.

Un bon melon

Pour choisir un bon melon, regarde s'il y a des craquelures au pédoncule, c'est un signe de maturité. Et renifle-le du côté opposé, là où il y a comme une cicatrice, appelée le « cerne ». Il doit dégager une bonne odeur, mais pas trop forte !
Le melon se coupe horizontalement en deux ou en tranches verticales. Tu dois enlever les graines (si tu ne manges pas tout à la fois, laisse les graines de ce qui reste, le melon gardera mieux son goût).

Prépare des brochettes d'été

- cubes de fromage (emmental, comté, cantal…)
- carrés de jambon cru
- olives vertes farcies aux poivrons
- morceaux de melon

MATÉRIEL
- piques en bois

Enfile les ingrédients en les alternant sur les piques en bois. Fais-le au dernier moment pour préserver leur fraîcheur.

On trouve 70 espèces de melons, rien qu'en France !

Melon ou pastèque ?

Ces deux vedettes de l'été appartiennent à la même famille. Pourtant ces deux stars sont bien différentes, de goût et de consistance. Le melon a une chair plus parfumée, à la texture plus fondante. Mais la pastèque, moins goûteuse, a aussi des atouts. Le plaisir des yeux d'abord : quel magnifique contraste entre son écorce verte et sa chair rouge ou rose parsemée de graines ! Et puis, comment ne pas fondre pour son côté craquant ? Quand tu mords dedans, le jus rose qui t'emplit la bouche te rafraîchit délicieusement... mais dégouline trop vite sur le menton ! Elle est faite pour les pique-niques plutôt pour que pour les repas « mondains »...

À manger pour la soif

La pastèque est une variété de melon, originaire d'Afrique. On l'appelle aussi « melon d'eau » car elle contient énormément d'eau. Une bénédiction pour les été torrides... et les pays où l'eau est rare. La nature faisant bien les choses, la plante grimpante sur laquelle elle pousse préfère les climats chauds. Il paraît que les Égyptiens de l'Antiquité en offraient aux voyageurs assoiffés. Une habitude à redécouvrir ?

La pastèque est un fruit tellement beau que le poète chilien Pablo Neruda lui a consacré une ode.

Raisin malin

Tu le picores avant même qu'il n'arrive à table ?
Difficile de te donner tort. C'est un véritable
concentré de sucres et de vitamines !

Une vigne peut donner jusqu'à 50 grappes.

Le fruit de la vigne

La vigne se contente de peu. Un sol
pauvre lui suffit, car ses racines
s'enfoncent profondément dans la
terre (jusqu'à 10 mètres !) pour y
trouver de quoi se nourrir. Elle fleurit
au printemps. Ses fleurs, qui se
remarquent à peine, donnent, à
l'automne, de magnifiques grappes.

Précautions

Lave bien le raisin avant de le
consommer. Détache de petits
grappillons sur la grappe : si tu
enlèves quelques grains de-ci de-là,
les autres s'abîmeront plus vite.

Carte d'identité

Famille : *vitacées*

La vigne est un arbuste grimpant qui s'accroche par
de solides vrilles à son support. Ses rameaux portent
de grandes feuilles à cinq lobes. Chaque grappe
contient jusqu'à 300 grains. Ronds ou allongés, les
grains de raisin sont des baies. Quand ils sont bien
frais, leur peau claire est recouverte d'un dépôt blanc,
la « pruine », à ne pas confondre avec des produits
chimiques !

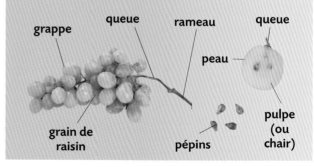

grappe · queue · rameau · queue · peau · grain de raisin · pépins · pulpe (ou chair)

184

À table

La vigne est ancienne : on a retrouvé des fossiles de vigne datant du temps des dinosaures ! Il y a près de 10 000 ans, en Asie, on la cultivait déjà, et on fabriquait une boisson alcoolisée en faisant fermenter du jus de raisin. Les secrets du vin étaient connus des Égyptiens, des Grecs et des Romains. En France, c'est François Ier qui, au XVIe siècle, mit à la mode la consommation du raisin... comme fruit !

Du raisin au vin

Pendant les vendanges, les vignerons apportent leur récolte à la cave. Les grappes de raisin sont broyées dans un pressoir. Le jus est mis à fermenter en cuve. C'est la peau des grains qui donne la couleur du vin. Pour faire du vin blanc, on se sert aussi bien de raisins noirs que de blancs, mais on leur ôte la peau avant de les faire fermenter. Pour faire du vin rouge, on utilise uniquement des raisins noirs avec leur peau. Pour faire du rosé, on laisse la peau des raisins noirs moins longtemps dans la cuve.

Couleur vitamines

Tous les raisins contiennent beaucoup de sucres qui donnent rapidement de l'énergie, et des vitamines. Leur quantité dépend de la couleur du raisin : le raisin noir est en général plus riche en vitamines que le blanc !

La salade méli-mélo

 • grains de raisin
• feuilles de salade
• 1 poire
• cantal et noix

1. Mélange quelques grains de raisin avec des feuilles de salade nettoyées et essorées, de fines tranches de poire et de cantal.

2. Ajoute les morceaux de noix. Sers ta salade avec une vinaigrette.

Tu peux remplacer la vinaigrette par une sauce au yaourt (yaourt, citron, sel, poivre, moutarde).

Les fruits exotiques

Ils ont le parfum des pays tropicaux
et des îles enchanteresses… Autrefois rares,
les fruits exotiques atterrissent de plus en plus
souvent dans ton assiette, car ils voyagent
maintenant sans souci.

Étranges délices

Une peau épaisse, un peu
ratatinée quand le fruit est mûr,
enveloppe une chair acidulée,
bourrée de graines noires
comestibles. Délicieux, les
fruits de la passion !
Tu peux te servir de l'asiatique
carambole, le fruit-étoile,
coupée en tranches, pour la
décoration des plats.
Les lychees que tu
manges dans les
restaurants
chinois sont
considérés
là-bas comme
des porte-
bonheur.

Fragile **ananas**
Christophe Colomb a
essayé de le ramener
d'Amérique, mais
l'ananas ne s'est jamais
acclimaté chez nous.
Comme la banane,
l'ananas pousse sur
une plante herbacée.
Ses fleurs rouges se
regroupent pour
ne former qu'un seul
« fruit », composé
en réalité de plusieurs
fruits, les yeux.

Banale, **la banane ?**
D'après une légende indienne, le fruit
qu'Ève a fait manger à Adam ne serait
pas la pomme, mais la banane !
Le « régime » de bananes est
l'ensemble des fruits (10 à 25) qui
poussent sur la tige florale du bananier,
cette herbe géante originaire d'Asie.
Les bananes dont tu te régales
appartiennent à la catégorie
des bananes douces.
Les bananes plantain,
à la peau toujours verte, ne sont
bonnes qu'une fois cuites.

Fondante et
parfumée, **la
mangue** est le
fruit du manguier,
originaire d'Inde. Tu
la trouves maintenant
toute l'année. C'est
en sentant son
parfum, et en la
tâtant que tu sauras si
elle est mûre : sa chair
doit être souple, mais
pas molle.

Le kiwi était
appelé autrefois
« groseille de
Chine », car
il est né dans
ce pays. C'est
en Nouvelle-
Zélande qu'il a
été rebaptisé :
il est brunâtre
comme l'oiseau
typique du pays.

Le crumble mangue-bananes

Pour 4 personnes

- **100 g de sucre**
- **100 g de beurre ramolli**
- **150 g de farine**
- **4 cuillères de noix de coco râpée**
- **1 mangue**
- **3 bananes**

1. Coupe la mangue en 2 dans le sens de la longueur. Retire le noyau (fais-toi aider). Coupe la chair en dés. Pèle les bananes, et découpe-les en rondelles.

2. Dispose les fruits, en les mélangeant, dans le fond d'un plat. Préchauffe le four à 220 °C / th 7 (assez chaud).

3. Dans un saladier, mélange avec une cuillère en bois, la farine, le sucre, la noix de coco et le beurre coupé en morceaux. Finis de malaxer ces ingrédients avec les doigts.

4. Recouvre complètement les fruits avec cette pâte friable. Enfourne pour une petite demi-heure.

Voici une autre version du crumble aux fruits... Ne t'affole pas si ta pâte s'émiette : *crumb* veut dire miette en anglais !

Les bananes créoles

Pour 2 personnes

- **2 bananes**
- **2 grosses noix de beurre**
- **2 cuillères à soupe de sucre**
- **le jus d'1 citron**

1. Épluche les bananes, et coupe-les en deux dans le sens de la longueur.

2. Fais fondre le beurre à feu doux dans une grande poêle (attention, il ne doit pas brunir !). Mets-y les demi-bananes, et fais cuire 2 minutes à feu moyen, puis 2 minutes à feu doux.

3. Retourne-les avec une spatule, sans les casser.

4. Saupoudre-les de sucre, et arrose-les avec le jus de citron. Laisse cuire encore 2 à 3 minutes.

5. Sers bien chaud, avec, si tu veux, une boule de glace à la vanille ou au chocolat.

Tu peux aussi les servir avec des morceaux de chocolat fondu et des lamelles de noix de coco.

On en arrive aux choses sérieuses : les desserts. Prépare-toi à élaborer ton chef-d'œuvre sucré…

Au pays des

douceurs

Des gâteaux, des tartes aux fruits, des crèmes parfumées, des friandises au chocolat... Que de plaisir à grignoter, de bien-être à partager ! Le pays des douceurs n'existe pas que dans les contes de fées... Fais-y un petit tour : tu ne seras pas seul à être enchanté.

Le miel doré

Le miel tombe des étoiles et les abeilles le ramassent au petit matin pour notre bonheur… et celui des ours ! C'est ce que croyaient les Anciens. Jolie histoire… mais la réalité n'est pas mal non plus !

Merci les abeilles… et merci les fleurs

Pour se reproduire, les fleurs ont besoin d'échanger leur pollen. Alors, elles fabriquent un nectar parfumé et sucré dont les abeilles raffolent. Voletant de corolle en corolle, l'abeille ouvrière qui butine assure en même temps le transport du pollen. De retour à la ruche, elle vide son jabot rempli de nectar dans une alvéole, et d'autres abeilles l'enrichissent, le concentrent, le transforment en vrai miel, moins chargé d'eau, plus riche en sucre… Il ne reste plus qu'à le récolter, le travail est fait !

Un miel vendu directement dans les alvéoles de cire dans lesquelles il s'est formé ? Ça le rend plus « écolo » d'apparence, mais cela n'améliore en rien sa qualité ni son goût.

Quel travail !

Pour fabriquer 1 kilo de miel, les abeilles parcourent 40 000 km et se posent sur 800 000 fleurs !

Un savoir ancestral

Les anciens Égyptiens, qui adoraient le miel, avaient déjà des ruches, il y a plus de 3 000 ans !

190

Le biscuit au miel

Pour 4 personnes

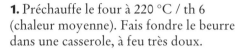

- **200 g de miel**
- **4 jaunes d'œufs**
- **100 g de beurre**
- **200 g de farine fluide**
- **2 cuillères à café de levure**
- **1 pincée de sel**
- **3 pincées de cannelle**
- **le jus d'1 citron**

1. Préchauffe le four à 220 °C / th 6 (chaleur moyenne). Fais fondre le beurre dans une casserole, à feu très doux.

2. Dans un récipient, mélange les jaunes d'œufs, le miel, le beurre (tiède), la cannelle, le jus de citron.

3. Ajoute la farine, la levure, le sel, et mélange à nouveau afin d'obtenir une pâte lisse.

4. Beurre un moule rond, et verses-y la préparation. Fais cuire pendant 45 minutes. Ce biscuit est bon tiède ou froid.

Le miel contient moins de calories que le sucre.

Pour tous les goûts ... et les couleurs

Tu aimes la douceur, la finesse ? Tu choisiras du miel d'acacia. Tu préfères les parfums plus généreux ? Essaie le miel d'oranger, de lavande ou de thym. Mais il y en a encore beaucoup d'autres. On les classe en fonction des fleurs dont ils proviennent (trèfle, romarin, bruyère... ou « toutes fleurs »), ou des saisons (printemps ou été), ou encore de la région d'origine. Sais-tu qu'il existe aussi des miels d'arbre ? Ce n'est pas le nectar que les abeilles butinent alors, mais du miellat, produit sucré fabriqué par les pucerons lorsqu'ils se sont gavés de sève.

Le chèvre au miel

- **1 toast** • **1 cuillère à café de miel**
- **1 tranche de fromage de chèvre demi-sec**

1. Sur un toast grillé, dépose une tranche de fromage de chèvre demi-sec.

2. Verse dessus une cuillère à café de miel liquide... et déguste.

Le sucre star

Comment l'aimes-tu ? Un peu…
trop sans doute ! Non seulement,
le sucre joue la vedette dans
les friandises et les desserts,
mais il se faufile aussi, incognito,
dans beaucoup de plats !

Douce invention

Difficile pour toi d'imaginer un monde
sans sucre ! Pourtant, il a bien fallu
qu'un jour les hommes l'« inventent ».
Car contrairement au miel, il n'existe pas
tel quel dans la nature. Il faut l'extraire
d'une plante (canne à sucre ou betterave),
puis lui faire subir de longs traitements…

De la plante au sucre

On presse la canne pour en extraire le jus.
La betterave, elle, est coupée en lanières et
passée à l'eau chaude. Dans les deux cas, le
liquide sucré obtenu subit divers traitements
pour le purifier. Au final, le sucre sera plus
ou moins blanc, et en cristaux plus ou moins
fins. La betterave contient, comme la canne
à sucre, du saccharose (c'est le nom
scientifique du sucre).

Sur cette gravure datant de 1852, des esclaves noirs
cultivent la canne à sucre, aux Antilles.

Le sucre blanc se présente en
morceaux plus ou moins gros ou en
poudre (sucre semoule ou cristallisé).

Le sucre brun est moins raffiné
que le blanc. Il a la couleur du
sirop de sucre, et contient encore
quelques impuretés.

Le sucre glace est une poudre
très fine, qui sert surtout pour
la décoration des desserts.

Trop de sucre !

2 kilos de sucre par an,
c'est ce que nos ancêtres
consommaient jusqu'au
XIXe siècle. Aujourd'hui,
on en mange près
de 50 kilos par an !

Le sucre candi roux (à gauche) est un gros cristal de sucre obtenu par cristallisation lente d'un sirop de sucre concentré, et coloré par caramélisation.

Cher sucre

La canne à sucre est déjà connue en Inde il y a plus de 2 000 ans. Mais le sucre n'arrive en Europe qu'au moment des croisades. Il est alors très rare ; on s'en sert même comme médicament ! La plante qui donne ce sucre si agréable ne pousse que dans des pays tropicaux... Avec la découverte de l'Amérique, les Européens peuvent enfin cultiver la canne à sucre. Les Antilles se couvrent de plantations... où travaillent des esclaves d'Afrique. L'affreuse traite des Noirs durera deux siècles.

Accusé, le sucre !

Le sucre donne de l'énergie utilisable immédiatement. Un bon coup de fouet, utile en cas d'effort. Mais il ne contient rien d'autre... que du sucre ! Ni vitamines, ni minéraux. À haute dose, il fait grossir, cause des caries... Des études montrent que les enfants qui en mangent trop sont plus sujets au diabète, sont hypernerveux et n'arrivent pas à fixer leur attention. Mais un petit plaisir sucré de temps en temps n'a rien de mauvais... si tu te brosses bien les dents après !

Sucre invisible

Tu sais qu'il y a du sucre dans les friandises, les biscuits et les desserts. Mais des fabricants en ajoutent dans le pain, les pizzas, la charcuterie, les conserves, la mayonnaise, le ketchup et dans de nombreux plats préparés... tout ça pour satisfaire le palais des consommateurs !

Divin chocolat

Les Aztèques considéraient le chocolat comme une nourriture divine… Et tu es bien d'accord avec eux ! Sauf que toi, heureusement, tu n'as pas besoin d'attendre une occasion exceptionnelle pour en manger…

Appétissante coutume

Tu aimes commencer la journée avec une tasse de cacao chaud ? Cette habitude, tu la dois… aux Aztèques. Les Espagnols, qui conquirent leur empire au XVIe siècle, adorèrent ce breuvage amer et reconstituant, le *tchocoatl*. Ils le firent connaître et apprécier partout en Europe. Aujourd'hui encore, les Espagnols ont comme spécialité un chocolat chaud, épais comme une crème.

Carte d'identité

Famille : sterculiacées
Le cacaoyer est un arbre des pays tropicaux, chauds et humides. Ses grands fruits (ils peuvent mesurer jusqu'à 30 cm), appelés cabosses, abritent une trentaine de graines : les fèves. C'est à partir de ces fèves que l'on fait le cacao… et le chocolat.

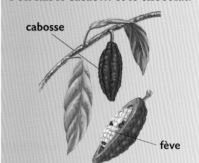

cabosse

fève

Les fèves d'Amérique du Sud donnent un chocolat au goût plus fin. Mais la provenance n'est pas toujours indiquée…

Recettes des dieux

Les Aztèques croyaient que le cacaoyer leur avait été donné par le dieu Quetzalcoatl. La consommation du chocolat était réservée aux nobles. Les autres n'y avaient droit que lors des périodes de fêtes. Les cuisiniers mexicains connaissaient de nombreuses recettes de chocolat : chaud ou froid, liquide ou en pâte, parfumé au miel, à la vanille… ou au piment !

De la fève au cacao

Sorties de la cabosse, les fèves sont immangeables ! Avant de donner la poudre de cacao de ton petit-déjeuner, elles sont mises à fermenter, séchées au soleil, puis torréfiées (brûlées) pour en diminuer l'amertume et en augmenter le parfum. Broyées, elles forment la « pâte de cacao », composée pour plus de la moitié de beurre de cacao. C'est en enlevant cette matière grasse que l'on obtient la poudre de cacao. Pour faire du chocolat, on ajoute du beurre de cacao à la pâte de cacao, ainsi que du sucre et d'autres ingrédients (parfums). On chauffe, on malaxe, on laisse refroidir...

Le chocolat noir
contient au moins un tiers de pâte de cacao.

Le chocolat au lait
contient moins de pâte de cacao, plus de beurre de cacao, et bien sûr... du lait et du sucre.

Le chocolat blanc
contient uniquement du beurre de cacao, du lait et du sucre.

Calorique mais antidéprime

Le chocolat est un aliment très calorique (500 calories pour 100 g !). Il contient une substance chimique qui a un effet antidéprime efficace. Ce qui explique pourquoi on se précipite dessus quand on a une « baisse de régime ». Noir de noir (plus de 70 % de cacao), il ferait moins grossir et serait meilleur pour la santé. La qualité d'un chocolat dépend de la quantité de cacao qu'il contient. Choisis de préférence un chocolat qui contient plus de 50 % de cacao. Il dépend aussi de la qualité et de l'origine de la fève.

Fais ton chocolat chaud

À l'eau ou au lait ? Goûte les deux, et tu choisiras ! La base de la recette est la même.

Pour 1 personne

• **20 cl d'eau ou de lait**
• **1 barre de chocolat noir**

1. Fais chauffer 20 cl de lait ou d'eau (le contenu d'une tasse moyenne) dans une casserole à feu très doux.

2. Mets-y 1 barre, ou 2 carrés de chocolat (20 g environ), en touillant bien.

3. Fouette énergiquement juste avant de servir pour le rendre plus mousseux. (Pour bien fouetter le chocolat, fais rouler le fouet sur tes paumes comme si tu te frottais les mains.) Sucre à volonté.

Idée

La recette espagnole est encore plus « riche » : deux barres de chocolat pour une tasse d'eau, et un peu de vanille et de cannelle pour parfumer.

Le gâteau au chocolat ultrafacile

Pour 6 à 8 personnes

- **250 g de chocolat à dessert (noir)**
- **250 g de sucre en poudre**
- **120 g de beurre**
- **6 œufs**
- **6 cuillères à soupe « rases » de farine**

1. Fais fondre le beurre et le chocolat coupé en morceaux à feu doux au bain-marie (une petite casserole trempe dans une grande casserole remplie d'eau chaude). Remue avec une cuillère en bois.

Un gâteau qui plaît à tous, facile à réaliser !

2. Sors du feu, et ajoute successivement le sucre, les œufs entiers (un par un), et la farine, en continuant à touiller.

4. Fais cuire 30 minutes. Laisse refroidir avant de déguster.

3. Préchauffe le four à 230 °C / th 7 (assez chaud). Verse la pâte dans un moule rond antiadhésif allant au four.

La mousse au chocolat

Pour 6 personnes

- **6 œufs**
- **200 g de chocolat à dessert (noir)**
- **1 pincée de sel**

MATÉRIEL
- **batteur électrique**

1. Dans un premier saladier, fais fondre le chocolat selon la technique « choco astuce ».

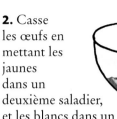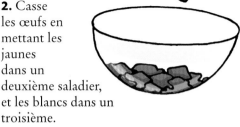

2. Casse les œufs en mettant les jaunes dans un deuxième saladier, et les blancs dans un troisième.

3. Vide l'eau du premier saladier : le chocolat doit être fondu (sinon recommence). Ajoutes-y les jaunes d'œufs en mélangeant.

4. Mets le sel dans les blancs et bats-les en neige très ferme, si possible au batteur électrique.

5. Avec une spatule en bois, mélange petit à petit les blancs au reste de la préparation, en les tournant délicatement. Mets au frigo au moins 3 heures avant de servir.

Les fleurs de poires au chocolat

Pour 4 personnes

- **4 poires (de préférence des poires Williams, très parfumées)**
- **100 g de chocolat à dessert (noir)**
- **50 g de beurre**

MATÉRIEL
- **papier aluminium**

1. Préchauffe le four à 220 °C / th 6 (chaleur moyenne). Lave les poires, et emballe-les, chacune à part, dans du papier cuisson. Dépose-les dans un plat qui va au four. Fais-les cuire une demi-heure.

2. Déballe-les et laisse-les refroidir, juste assez pour que tu puisses les prendre en main sans te brûler, les couper en 4 verticalement, et ôter les pépins.

3. Dans une petite casserole, fais fondre à feu très doux le chocolat coupé en morceaux et le beurre, pour obtenir une sauce lisse.

4. Sur chaque assiette, déploie tes quarts de poire en forme de fleur, et arrose-les de chocolat fondu.

Choco astuce

Pour toutes les fois où tu as besoin de faire fondre du chocolat, pense à cette astuce, qui te permet d'éviter la cuisson au bain-marie ou au four à micro-ondes. Dans un récipient, tu mets le chocolat en morceaux, que tu recouvres complètement d'eau du robinet très chaude. Tu couvres avec un couvercle ou un torchon le tout, et tu laisses une dizaine de minutes. Tu vides l'eau : le chocolat est fondu à point.

Crèmes pour tous les goûts

Des crèmes, il y en a plein les magasins. Alors, pourquoi en faire ? Pour t'épater toi-même, pour épater les copains… Et bien sûr pour le goût… inimitable !

Il y a crème et crèmes

La crème, c'est la matière grasse du lait, mais c'est aussi un dessert sucré à base de lait et d'œufs, que des générations de cuisiniers ont mis au point avec délectation. Crème pâtissière, anglaise, aux œufs, brûlée, caramel, renversée… C'est fou ce qu'il y en a !

Utilise de vraies gousses de vanille, c'est meilleur !

La crème anglaise

Elle est un peu délicate à réussir !

Pour 4 personnes

- 1/2 litre de lait
- 5 œufs
- 1 sachet de sucre vanillé
- 85 g de sucre en poudre
- 1 pincée de farine ou de fécule de maïs (du type Maïzena)

MATÉRIEL
- fouet

1. Dans un saladier, fouette les jaunes d'œufs avec le sucre et la fécule jusqu'à ce que le mélange blanchisse.

2. Dans une casserole, fais chauffer le lait avec le sucre vanillé, en remuant. Attention, il ne doit pas bouillir.

3. Verse le lait sur les œufs en recommençant à fouetter. (Fais-toi aider !)

4. Remets le mélange dans la casserole, et fais cuire à feu très doux, en remuant sans arrêt avec une cuillère en bois, sans laisser bouillir. La crème épaissit tout doucement.

5. Dès que la cuillère s'enrobe de crème, retire du feu et mets à refroidir.

Si tu laisses trop cuire la crème, c'est raté, elle « tourne ». Mais tu peux la sauver en lui donnant vite un coup de mixeur.

Idée

La crème anglaise est très bonne telle quelle, mais tu peux aussi la servir comme accompagnement de gâteaux …Très chic !

La crème aux œufs (flan)

Pour 4 personnes

- **1/2 litre de lait**
- **3 œufs entiers et 1 jaune**
- **6 cuillères à soupe de sucre**
- **1 sachet de sucre vanillé**
- **1 pincée de farine**

1. Bats les œufs entiers et le jaune d'œuf dans un plat rond et profond qui va au four, à l'aide du fouet, comme pour faire une omelette.
Ajoute la pincée de farine.

2. Préchauffe le four à 210 °C / th 6 (chaleur moyenne). Surtout pas trop chaud ! Fais bouillir le lait dans un poêlon avec le sucre et le sucre vanillé.

3. Quand le lait a bouilli, demande de l'aide, car il faut que tu le verses petit à petit dans les œufs, tout en continuant à les battre vigoureusement.
À deux, c'est beaucoup plus facile !

4. Remplis à moitié d'eau un second grand plat qui va au four, et pose dedans celui qui contient ta préparation.
Fais cuire au four pendant 35 minutes.

5. Fais-toi aider pour sortir la crème du four. Laisse bien refroidir avant de manger.

Idée

Ajoute de la noix de coco râpée (6 cuillères à soupe environ) dans ton mélange œufs-lait avant d'enfourner, et tu auras un flan à la noix de coco. Si tu mets du caramel dans le fond du plat et que tu renverses la crème sur une assiette quand elle est bien froide, tu obtiens... une « crème renversée ».

Le caramel donnera une note croustillante à ta crème.

Crèmes glacées et sorbets

Rien de mieux qu'une belle coupe pour présenter ta glace !

En été, c'est ta folie ! Pas la peine d'aller en Italie pour trouver les meilleures glaces : tu peux en faire d'aussi bonnes toi-même, à la maison !

La glace aux fraises ultra légère

Pour 4 personnes

- **1 petit bol de fraises (ou de framboises congelées)**
- **200 g de lait condensé demi-écrémé non sucré**
- **150 g de fromage blanc à 0 % de matière grasse**
- **4 cuillères à soupe de sucre**

MATÉRIEL
- **mixeur**

1. Mixe tous les ingrédients pendant 1 minute. Verse ta préparation dans un récipient en plastique qui ferme (une ancienne boîte de glace ou de fromage blanc bien propre).

2. Mets au congélateur 5 à 6 heures.

La glace express à la banane

Pour 8 personnes

- **1 boîte de lait concentré non sucré de 410 g et le jus d'1 citron**
- **4 grosses bananes**
- **4 cuillères à soupe de sucre**

MATÉRIEL
- **mixeur**

1. Épluche et mixe les bananes. Dans un saladier, mélange le lait, le sucre, les bananes mixées et le jus de citron. Verse dans un récipient que tu mets au congélateur.

2. À la fin de la première heure, ··· ta préparation du congélateur. ··· ange-la avec une fourchette, ···sistant bien sur les bords.

3. Recommence toutes les demi-heures.

4. Après avoir remué 5 fois, laisse encore 1 heure au congélateur sans remuer. Cette glace est extra, servie avec du chocolat fondu…

Éviter les cristaux

Les glaces maison ont tendance à faire des cristaux. Pour limiter cet effet, sors ta préparation du congélateur, et remue-la vigoureusement avec une fourchette. Recommence plusieurs fois, avant qu'elle ne prenne en glace. Avec une sorbetière qui bat la glace, ce n'est pas nécessaire.

Histoires glacées

La crème glacée existait bien avant qu'on invente les machines à faire du froid… Il y a plus de 2 000 ans, les Chinois en fabriquaient en allant chercher en montagne de la neige ou de la glace. La crème glacée est un mélange de lait, de crème, d'œufs, de sucre et de parfums. Le sorbet est fabriqué à partir de jus de fruits et de sirop de sucre.

Le sorbet aux clémentines

Pour 4 personnes

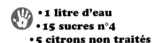
- **8 clémentines**
- **100 g de sucre glace**
- **1 yaourt**
- **le jus d'1 demi-citron**

1. Coupe les clémentines en deux, et extrais leur jus avec un presse-agrumes. Verse-le dans un récipient en plastique. Ajoute le sucre, le yaourt et le jus de citron. Mélange bien.

2. Mets ta préparation au congélateur ou dans le freezer, et attends au moins 4 heures pour déguster le sorbet.

Le granité au citron

Pour environ 1 litre

- **1 litre d'eau**
- **15 sucres n°4**
- **5 citrons non traités**

1. Prélève le zeste de 3 citrons. Presse les 5 citrons et garde le jus.

2. Dans une grande casserole, mets les 15 sucres avec 2 cuillères à soupe d'eau et fais cuire à feu moyen. Dès que le mélange devient marron clair, ajoute les zestes et le reste de l'eau. Laisse bouillir à feu doux 5 minutes, éteins et verses-y le jus des citrons.

3. Quand la préparation a refroidi, retire les zestes, mets le liquide dans un autre récipient et place-le 3 heures au congélateur. Toutes les demi-heures, mélange bien avec une fourchette pour obtenir un granité, et non pas un bloc de glace.

Boisson et glace tout à la fois, le granité est délicieusement rafraîchissant !

Des mini-tartes pour tous les goûts...

Tartes au top !

Se lancer des tartes à la crème à la figure ? Jamais ! Surtout si elles sont garnies de fruits ou zébrées de chocolat… Farceur ou gourmand, tu as fait ton choix !

Tartes en folie

Avec une pâte – brisée, feuilletée ou sablée, maison ou achetée toute prête –, étalée sur un moule… tout est possible. Tu peux y mettre toutes sortes de fruits, crus ou cuits, de la crème, des œufs, du sucre, du riz…

La tarte aux fraises

Les fraises, tout comme les autres fruits rouges, mais aussi des fruits très juteux (pêches), ne doivent pas cuire. Ton fond de pâte devra donc d'abord cuire tout seul.

Pour 6 personnes

- 1 fond de tarte en pâte sablée déjà cuit (voir page 81)
- 1/2 litre de crème pâtissière à la vanille
- 500 g de fraises
- 2 cuillères à soupe de gelée de fruits rouges

1. Prépare la crème pâtissière (elle se vend en poudre à mélanger avec du lait ; lis bien le mode d'emploi sur la boîte). Tapisse de crème le fond de tarte précuit.

2. Nettoie les fraises et coupe-les en deux. Dispose-les en cercles bien serrés sur la crème, en commençant par le centre.

3. Dans une petite casserole, fais fondre la gelée avec la même quantité d'eau.

4. Mélange bien et, à la cuillère, recouvre les fraises de ce mélange brillant.

5. Sers la tarte quand elle est froide. Tu peux la décorer de crème chantilly.

C'est la tarte du printemps !

202

La tarte aux pommes

Pour 6 personnes

Le plus classique des desserts !

• **1 pâte brisée maison (voir page 80)
ou une pâte feuilletée prête à dérouler**
• **3 grosses pommes ou 4 à 5 petites**
• **3 œufs**
• **20 cl de crème fraîche liquide**
• **3 cuillères à soupe de miel liquide**
• **7 cuillères à soupe de poudre d'amandes**

MATÉRIEL
• **moule à tarte dont le fond s'enlève
(c'est plus facile d'emploi)**

1. Mets la pâte dans le moule.

2. Casse 3 œufs dans un bol. Bats-les
en omelette. Ajoute la crème fraîche
liquide, le miel et la poudre d'amandes.
Mélange bien.

3. Pèle les pommes et coupe-les en fines
tranches. Préchauffe le four à 230 °C /th 7.

4. Verse la préparation sur la pâte, et
dispose les tranches de pommes en rond
en commençant par le centre.

5. Fais cuire la tarte 35 minutes au four.
Sers-la froide, ou chaude avec une boule
de glace.

La tarte zébrée

Pour 6 personnes

• **1 pâte sablée (voir page 81)**
• **50 g de chocolat noir**
• **le zeste et le jus de 2 citrons non traités**
• **3 œufs**
• **100 g de beurre fondu**
• **150 g de sucre en poudre**

1. Allume le four à 200 °C thermostat 5/6.

2. Dans un saladier, mélange au fouet les
œufs avec, dans l'ordre, le sucre, le zeste
râpé, les jus de citrons et le beurre fondu.

3. Fais fondre le chocolat coupé en
morceaux au bain-marie à feu très doux
(voir la technique page 196).

4. Dispose la pâte dans un moule à tarte.

5. Verse le mélange au citron, puis le
chocolat fondu en dessinant des zébrures.

6. Mets au four et laisse cuire 30 minutes.
Cette tarte est meilleure bien froide.

Le paradis des gâteaux

Les gâteaux, c'est pas de la tarte ? Si, justement ! La plupart sont très faciles à faire. Tu mélanges, tu mets au four… et tu n'en peux plus d'attendre tellement ça sent bon !

Un vaste monde

De la farine, du sucre, des œufs, de la matière grasse, sans oublier un peu de levure pour faire gonfler... À ces ingrédients de base, tu peux ajouter épices, chocolat, fruits frais, secs ou confits... Le monde des gâteaux est à toi !

Idéal pour un goûter raffiné !

Le gâteau doré

Pour 4 personnes

- **150 g de farine**
- **150 g de sucre**
- **2 cuillères à café de levure chimique**
- **3 œufs**
- **100 ml d'huile**
- **beurre pour le moule**

1. Allume le four à 210 °C / th 6 (chaleur moyenne).

2. Dans un saladier, mélange la farine, le sucre, la levure. Casse et verse les 3 œufs entiers.

3. Mélange bien, puis ajoute l'huile. Mélange à nouveau.

4. Beurre un moule rond à bords hauts (moule à manqué) et verses-y la préparation.

5. Mets au four et laisse cuire 45 minutes.

Farine et levure

Tu n'auras pas de difficulté à incorporer la levure si tu la mélanges avec la farine. Et tu auras moins de grumeaux si tu utilises de la farine « fluide ».

Vérifier la cuisson

La durée de la cuisson peut varier en fonction de la puissance de ton four... Pour t'assurer que ton gâteau est cuit, pique au centre la lame d'un couteau (ou une aiguille à tricoter ou une pique à brochette en métal) : si elle ressort propre, c'est bon !

Le gâteau aux pêches

Pour 4 à 6 personnes

- **3 pêches bien mûres**
- **10 cuillères à soupe de sucre en poudre**
- **1 sachet de sucre vanillé (ou 2 cuillères à café de sucre vanillé maison)**
- **15 cuillères à soupe de farine fluide**
- **1 sachet de levure chimique**
- **4 œufs**
- **1/2 verre de lait**
- **1/4 verre d'huile**

1. Dans un saladier, fouette bien le sucre et les œufs jusqu'à ce que ton mélange blanchisse et devienne mousseux.

2. Ajoute l'huile et le lait, puis, petit à petit, la farine et la levure. Mélange bien. Préchauffe le four à 230 °C / th 7 (assez chaud).

3. Pèle les pêches, dénoyaute-les et coupe-les en morceaux que tu mêles à la pâte. Mets au four 45 minutes environ jusqu'à ce que ton gâteau soit doré.

Dans le moule

Pour beurrer plus facilement un moule, fais fondre une grosse cuillère à café de beurre et étale-la ensuite au pinceau large.

Pour démouler

Pour que le gâteau se démoule mieux et que sa croûte soit plus croustillante, saupoudre un peu de sucre sur le beurre à l'intérieur du moule.

Le gâteau au yaourt

Pour 5 personnes

- **1 yaourt nature**
- **3 pots de farine**
- **2 pots de sucre**
- **1/2 pot d'huile**
- **3 œufs**
- **1 sachet de sucre vanillé**
- **1/2 sachet de levure**

1. Allume le four à 200 °C / th 6 (chaleur modérée). Beurre un moule rond.

2. Verse le yaourt dans un saladier, et ajoute dans l'ordre, en mélangeant bien avec une cuillère en bois : les sucres, les œufs, un à un, la farine, la levure, le sel, l'huile.

3. Mets la préparation dans le moule beurré et fais cuire 35 minutes.

Pour faire ce gâteau, pas besoin de balance : les ingrédients se mesurent avec le pot de yaourt vide !

Le quatre-quarts

Il porte bien son nom puisqu'il se fait avec un quart de sucre, un quart de beurre, un quart de farine… et quatre œufs !

Pour 4 à 6 personnes

- **4 œufs • 250 g de sucre**
- **250 g de beurre fondu**
- **250 g de farine fluide**
- **1 cuillère à café de levure chimique**
- **le zeste râpé d'1 citron non traité**
- **1 pincée de sel**

MATÉRIEL
- **fouet ou batteur**

1. Préchauffe le four à 210 °C / th 6 (chaleur modérée). Beurre un moule à cake (ou un autre moule à gâteau antiadhésif).

2. Casse les œufs en mettant les jaunes dans un saladier et les blancs dans un autre.

3. À l'aide d'un fouet, bats les jaunes avec le sucre jusqu'à ce qu'ils deviennent mousseux. Ajoute, en mélangeant bien, le beurre fondu, puis la farine, la levure, le sel et enfin le zeste râpé.

4. Bats les blancs en neige très ferme (voir page 48), et mélange-les délicatement au reste de la préparation. Verse la pâte dans le moule, et fais cuire environ 35 minutes.

Moelleux à souhait, c'est le quatre-quarts !

Le cake aux fruits confits

Pour 6 personnes

- **125 g de beurre fondu**
- **200 g de sucre • 3 œufs**
- **250 g de farine**
- **1/2 sachet de levure et 1 pincée de sel**
- **300 g de mélange de fruits confits et de raisins secs macérés pendant 2 heures dans un bol de jus d'orange**

1. Préchauffe le four à 210 °C / th 6 (chaleur moyenne). Beurre un moule à cake.

2. Dans un grand bol, bats le sucre et le beurre jusqu'à ce que le mélange blanchisse. Casse un œuf dans cette pâte, bats vite, puis fais de même avec les autres œufs.

3. Dans un saladier, mélange levure, farine et sel, puis ajoute le contenu du bol.

4. Égoutte les raisins et sèche-les sur du papier absorbant. Saupoudre les fruits confits et les raisins de farine.

5. Mets-les dans la pâte et mélange. Verse dans le moule beurré, et fais cuire 1 heure à 210 °C / th 6 puis 10 minutes à 230 °C / th 7.

Coupe des tranches bien épaisses…

Ça dépasse !

Pour démouler plus facilement ton cake, tapisse le moule de papier sulfurisé en le laissant largement dépasser. Tu n'auras plus qu'à tirer sur les bords !

La charlotte ananas-fraises

Pour 6 personnes

- **200 g de boudoirs**
- **1 petite boîte d'ananas au sirop**
- **500 g de fraises (ou autres fruits frais)**
- **200 g de fromage blanc**
- **150 g de crème fraîche très froide**
- **100 g de sucre glace**

MATÉRIEL
- **papier sulfurisé ou de cuisson**
- **moule à charlotte**
- **batteur électrique**

1. Avec la crème et le sucre, monte une chantilly à l'aide d'un batteur électrique (voir page 103).

2. Mets au fond d'un moule à charlotte un rond de papier sulfurisé. Verse le jus de la boîte d'ananas dans une assiette. Trempe rapidement les biscuits dans le jus et pose-les contre le bord du moule, le côté sucré vers l'extérieur.

3. Tapisse le fond du moule de tranches d'ananas. Recoupe-les si nécessaire, et coupe le reste en petits bouts.

4. Lave et équeute les fraises. Gardes-en quelques-unes pour la décoration, et coupe les autres.

5. Dans un récipient, mélange ensemble morceaux de fraises et d'ananas, fromage blanc et chantilly.

6. Remplis le moule de ta préparation, et recouvre le tout d'une couche de biscuits imbibés de jus.

7. Couvre le moule avec une assiette et un poids pour maintenir la forme de la charlotte. Garde 10 heures au frais. Démoule délicatement et décore avec les fraises.

La charlotte est un vrai jeu de construction : tu bâtis une structure avec des boudoirs ou des biscuits à la cuillère ramollis au sirop, et tu remplis l'intérieur de fruits et de crème !

Vous avez dit Charlotte ?

D'où vient le nom de ce dessert ? De la coiffe bordée de rubans à laquelle elle ressemble ? D'un hommage à la reine Charlotte ? En réalité, personne ne connaît vraiment l'origine de ce gâteau sans cuisson.

Becs sucrés

Biscuits, gâteaux secs, bouchées au chocolat, sucettes, sirops… Autant d'idées pour composer un festin sucré. Et pourquoi ne pas en faire aussi des cadeaux gourmands ?

Les muffins ou le secret des bons goûters anglais !

Les muffins

Pour 12 muffins

- 300 g de farine
- 150 g de sucre
- 1/2 paquet de levure chimique
- 2 œufs   • 4 pincées de sel
- 1 verre de lait
- 100 g de beurre fondu

MATÉRIEL
- 12 moules à muffins

1. Allume le four à 200 °C / th 5/6 (chaleur modérée). Dans un grand bol, mélange les liquides (œufs, lait, beurre fondu).

2. Dans un saladier, mélange les poudres (farine, sel, sucre, levure). Ajoute les liquides dans les poudres, remue un peu mais sans chercher à obtenir une pâte lisse.

3. Verse dans les moules, et fais cuire environ 30 minutes. Ils sont cuits lorsqu'ils sont dorés.

Les macarons

Pour une douzaine de macarons

- 1 blanc d'œuf
- 40 g de poudre d'amandes
- 60 g de sucre + 1 sachet de sucre vanillé
- 1 cuillère à café de fécule de maïs

MATÉRIEL
- papier cuisson

1. Préchauffe le four à 190 °C / th 5. Mélange la poudre d'amandes, les sucres et la fécule.

2. Dans un bol, bats le blanc d'œuf avec une fourchette. Verse-le sur les poudres, remue.

3. Recouvre une plaque de four avec une feuille de papier cuisson.

Ces macarons-là sont fourrés avec une crème au chocolat...

4. Avec une cuillère à soupe, dépose sur la plaque des petits tas, en les espaçant. Fais cuire une vingtaine de minutes.

208

Les biscotins

Rien à voir avec les biscottes ! Si ce n'est que ces biscuits aux amandes – une spécialité catalane – croquent un peu sous la dent…

Pour 6 personnes

- **250 g de sucre cristallisé**
- **250 g de farine**
- **1/2 paquet de levure**
- **2 gros œufs ou 3 petits**
- **125 g de poudre d'amandes**
- **des pignons pour la décoration**
- **un peu de beurre ou d'huile**

MATÉRIEL
- **papier sulfurisé ou de cuisson**

1. Allume le four à 230 °C / th 7 (assez chaud).

2. Mélange bien tous les ingrédients (sauf les pignons) dans une grande jatte avec une cuillère en bois. Tu obtiens une pâte assez ferme.

3. Recouvre la plaque à pâtisserie de papier sulfurisé que tu vas beurrer ou huiler. Prélève avec une cuillère à soupe un peu de pâte et dépose-la sur la plaque.

4. Recommence l'opération : tu dois faire des petits tas de 4 à 5 cm de diamètre environ.

5. Mets 1 ou 2 pignons sur chaque futur « biscotin » juste avant la cuisson. Fais cuire 10 minutes au four.

Les roses des sables

Pour 40 biscuits

- **125 g de végétaline**
- **180 g de chocolat pâtissier**
- **135 g de sucre glace**
- **100 g de pétales de maïs (corn-flakes)**

MATÉRIEL
- **40 petites caissettes en papier**

1. Fais fondre à feu très doux dans une casserole le chocolat coupé en morceaux, la végétaline et un peu d'eau.

2. Hors du feu, verse le sucre glace, et touille bien. Puis ajoute les pétales de maïs, et mélange délicatement jusqu'à ce qu'ils soient enrobés.

3. Remplis de cette préparation les caissettes en papier et mets-les au frigo plusieurs heures. À déguster bien froid.

Les cookies au chocolat

Pour une douzaine de cookies

- 100 g de chocolat pâtissier ou à dessert
- 20 g de beurre
- 1 œuf
- 40 g de sucre
- 40 g de farine
- 1/2 cuillère à café de levure chimique

Des bords craquants et un centre fondant...

1. Préchauffe le four à 210 °C / th 6. Fais fondre à feu très doux 60 g de chocolat avec le beurre.

2. Ajoute successivement l'œuf, le sucre, la farine, la levure. Mélange bien.

3. Casse le reste du chocolat en petits morceaux pour obtenir des pépites. (Écrase-le avec un rouleau à pâtisserie).

4. Mets les pépites dans la pâte. Mélange.

5. Huile légèrement une plaque à pâtisserie. Dépose des petits tas de pâte. Fais cuire 13 minutes.

Les carrés « choconoix »

Pour 30 carrés environ

- 200 g de chocolat noir pâtissier ou à dessert
- 40 g de noix de coco râpée ou en poudre
- 60 g de noix écrasées
- 60 g de beurre fondu

MATÉRIEL
- papier cuisson

1. Recouvre un couvercle en métal de boîte à gâteaux ou un petit moule rectangulaire avec du papier cuisson en le laissant dépasser sur le côté.

2. Fais fondre le chocolat au bain-marie (voir page 196).

3. Dans un saladier, mélange la noix de coco, les noix, le beurre fondu puis le chocolat.

4. Verse dans le moule en tassant. Égalise la surface avec le dos d'une cuillère.

5. Mets au frigo jusqu'à ce que la préparation soit ferme.

6. Démoule en tirant sur le papier, puis découpe en carrés.

Tu peux les conserver 2 semaines au frais.

Les sucettes au caramel

Pour 12 sucettes

- **20 sucres n°4 (100 g)**
- **20 g de beurre**
- **1/2 cuillère à café de vinaigre**
- **3 cuillères à soupe d'eau**

MATÉRIEL
- **papier sulfurisé ou de cuisson**
- **12 bâtonnets**

1. Dans une casserole, mélange le sucre, le vinaigre, l'eau, et fais chauffer à feu doux. Dès que la préparation devient doré clair, éteins et ajoute le beurre.

2. Mélange, et verse cette pâte sur du papier cuisson en formant des tas allongés. Place sur chacun, en l'enfonçant légèrement, le bâtonnet qui servira à saisir la sucette. Laisse refroidir. Attention à tes doigts, le caramel est très chaud !

Le sirop d'été de groseilles (ou de cassis)

Une activité d'été gourmande, qui demande un mois de patience ; parfaite pour les vacances !

- **500 g de groseilles (ou de cassis)**
- **500 g de sucre**

MATÉRIEL
- **bocaux fermant hermétiquement (avec rond de caoutchouc par exemple)**

1. Lave et équeute les groseilles. Mets-les dans un saladier avec le sucre. Verse la préparation dans des bocaux très propres.

2. Ferme-les bien, et expose-les au soleil pendant un mois. Trois ou quatre fois dans le mois, tourne tes bocaux (renverse-les).

3. Récupère le sirop après l'avoir filtré dans une passoire fine, et verse-le dans une bouteille pour le conserver. Consomme-le avec de l'eau ou du lait, comme n'importe quel sirop.

Le sirop de menthe

Pour 1 litre de sirop environ

- **500 g de sucre**
- **1/2 litre d'eau**
- **1 poignée de menthe fraîche**

MATÉRIEL
- **une bouteille en verre de récupération d'1 litre**
- **film alimentaire**

1. Dans un saladier, mélange l'eau, le sucre, la menthe lavée. Mets le saladier, recouvert de film alimentaire, au réfrigérateur, et laisse reposer 1 à 2 jours.

2. Enlève la menthe, et verse le liquide dans une bouteille propre. Ton sirop de menthe est prêt à être consommé !

Couleur surprise

Ne sois pas surpris, ce sirop n'est pas vert, mais blanchâtre. Les sirops de menthe doivent souvent leur belle couleur verte à des colorants…

Confitures et gelées

Les pots de confitures maison sont pleins de couleurs et de saveurs qui remplissent de soleil placards et étagères… en attendant de réveiller tes tartines !

En général, la confiture se conserve deux ans.

L'été toute l'année

Les confitures, c'est le moyen le plus agréable de faire durer la saison des fruits toute l'année… Et une bonne idée de cadeau ! La confiture se fait avec les fruits entiers ; la gelée avec le jus des fruits.

En pot !

Le système le plus facile, pour conserver tes confitures, est de les verser dans d'anciens pots avec couvercle en métal à visser (de confiture, de mayonnaise, d'olives…) bien lavés. Fais-toi aider pour verser la confiture chaude dans les pots : il faut les remplir à ras bord, puis bien visser le couvercle, et les retourner. Inscris sur de jolies étiquettes la date de fabrication et le nom du fruit.

Des roses en confiture

C'est le sommet du raffinement ! Mais il faut être très patient pour cueillir les roses, et disposer de beaucoup de fleurs, car les pétales ne pèsent pas bien lourd… Utilise de préférence les roses les plus parfumées. Bien sûr, il ne faut surtout pas qu'elles aient été traitées !

1. Fais tremper 250 g de pétales de rose dans de l'eau citronnée jusqu'à ce que l'eau commence à colorer.

2. Égoutte-les, puis cuis-les 25 minutes dans un sirop composé de 375 g de sucre et de 3 cuillères à soupe d'eau.

3. Cinq minutes avant la fin de la cuisson, ajoute le jus d'un citron. Laisse refroidir avant de mettre en pot.

Une confiture très originale…

La confiture de fraises express

Pour environ 3 pots de 200 g

- **500 g de fraises**
- **500 g de sucre spécial pour confiture**

MATÉRIEL
- **1 très grande casserole, si possible en cuivre**
- **3 ou 4 pots de confiture vides (de récupération)**
- **1 balance**

1. Nettoie et équeute les fraises, pèse-les et prépare exactement la même quantité de sucre que de fruits.

2. Mélange les fruits avec le sucre dans un grand récipient, et laisse reposer entre 12 et 24 heures. Le sucre doit être complètement dissous.

3. Verse dans une grande casserole, et fais cuire à feu vif pendant 5 minutes à partir du moment où de grosses bulles recouvrent la surface des fruits.

La gelée de mûres

Septembre, c'est l'époque des mûres. Un moment à ne pas rater ! Cueille-les de préférence le matin, elles sont alors au maximum de leur fraîcheur ! En dessert, avec du fromage blanc, du yaourt ou de la crème fraîche, c'est délicieux. Et en gelée, c'est un régal dont tu te souviendras !

- **beaucoup de mûres**
- **sucre en poudre**

MATÉRIEL
- **1 très grande casserole, si possible en cuivre**
- **6 à 8 pots de confiture vides (de récupération)**
- **balance**

1. Passe les mûres très vite sous l'eau pour les laver, et assure-toi qu'il ne reste pas d'insectes. Mets-les dans une casserole que tu remplis d'eau jusqu'aux 3/4 de la hauteur des fruits.

2. Fais bouillir quelques minutes à peine. Puis verse ta préparation dans un moulin à légumes placé au-dessus d'un large récipient. Recueille le jus débarrassé des graines. Pèse-le sur une balance.

3. Refais cuire avec exactement le même poids de sucre que de jus. Au bout d'un quart d'heure de cuisson, ta gelée est prête.

Bougies et jolis verres : c'est parti pour un vrai festin…

Repas en

Confectionner un plat... et le manger, c'est toujours agréable.
Mais les grands jours, quand tu régales tes amis, c'est carrément
la fête. Et si tout le monde s'y met, c'est encore plus amusant !

fête

Matins de fête

Tes copains sont restés dormir à la maison, et tu as envie de leur faire plaisir dès le saut du lit ? Alors, investis dans un vrai petit-déjeuner. Ou même un brunch, si c'est un jour de grasse matinée…

Le petit-déjeuner continental

Café, thé ou chocolat, pain beurré, confiture et viennoiseries. Tu connais bien. Trop bien ? Si tu essayais les petits-déjeuners de nos voisins ?

Il y a mille façons de prendre son petit-déjeuner... Ici typiquement français.

Bacon and eggs

Pour 1 personne

- **2 tranches fines de bacon**
- **2 œufs**

1. Dans une poêle antiadhésive, fais cuire à feu moyen les deux tranches de bacon.

2. Dès qu'elles deviennent légèrement transparentes, casse 2 œufs à côté sans abîmer le jaune. C'est cuit lorsque le blanc n'est plus transparent.

Le petit-déjeuner suisse

Le plein d'énergie, ce n'est pas réservé aux seuls montagnards. Fais-toi un petit-déjeuner avec müesli, fruits frais et jus d'orange. Il te fera grimper aux murs...

Le breakfast

Copieux, il comporte du thé avec un nuage de lait, des toasts grillés, de la marmelade d'orange, des céréales, un jus de fruit, et surtout, le traditionnel « œufs au bacon ».

Brunch ou petit-déjeuner ?

Quelle différence entre un grand petit-déjeuner tardif et un « brunch » ? Le mot « brunch » vient de la contraction en un seul mot des termes anglais « breakfast » et « lunch » : effectivement, il concentre les deux repas !

Müesli maison

Pour 2 personnes

- **100 g de flocons d'avoine**
- **1 pomme et des fruits de saison**
- **fruits secs : raisins, noix, amandes...**
- **1 verre de lait**
- **1 demi-citron**
- **3 cuillères à soupe de miel**

1. Pèle et râpe une pomme. Mélange-la avec les flocons d'avoine et le lait.

2. Ajoute le jus de citron, les noix et les amandes hachées, puis le miel.

3. Mélange, répartis dans deux assiettes et laisse gonfler quelques minutes.

4. Prépare des coupelles garnies de fruits frais et secs. Chacun en rajoutera selon son goût.

Pique-niques et repas froids

Tout est tellement meilleur au grand air… Un coin d'ombre, une nappe sur l'herbe et, au milieu, les plats que tu as préparés. Ambiance garantie ! Voici quelques idées pour sortir de l'inévitable sandwich…

Plutôt qu'un énorme sac pour porter tout ce que tu as préparé pour un pique-nique de rêve, prévois au moins trois petits paniers qui permettront de répartir la charge…

Le pan-bagnat

Pour 4 personnes

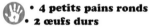
- **4 petits pains ronds**
- **2 œufs durs**
- **4 cuillères à soupe d'huile d'olive**
- **1 gousse d'ail et 2 oignons nouveaux**
- **1/2 concombre**
- **2 tomates et 1 poivron**
- **1 petite boîte de miettes de thon à l'huile**
- **4 filets d'anchois à l'huile**
- **4 feuilles de laitue**
- **12 olives noires dénoyautées**

1. Coupe la partie supérieure des pains, évide-les en retirant la mie. Épluche la gousse d'ail. Frotte-la à l'intérieur de chaque pain. Humecte le pain d'huile, puis recouvre-le d'une feuille de salade.

2. Coupe les tomates, les oignons, le 1/2 concombre et les œufs durs en rondelles, les poivrons en lamelles.

3. Fais égoutter le thon, les anchois et les olives.

4. Garnis les pains de tous les ingrédients, puis repose les couvercles, presse fortement et enveloppe bien serré dans un plastique alimentaire.

Ce « sandwich » provençal est presque un repas à lui tout seul.

La tortilla

Pour 5 à 6 personnes

- **500 g de pommes de terre**
- **8 œufs**
- **2 oignons**
- **3 cuillères à soupe d'huile d'olive**
- **1/4 de cuillère à café de sel**
- **2 pincées de poivre**

1. Épluche les pommes de terre, lave-les, essuie-les et coupe-les en dés. Épluche l'oignon, coupe-le en lamelles.

2. Dans une poêle, avec 2 cuillères à soupe d'huile, fais cuire à feu moyen les oignons et les pommes de terre jusqu'à ce que les pommes de terre soient tendres et dorées. Remue de temps en temps.

3. Dans un saladier, casse et bats les œufs, ajoute le sel et le poivre. Verses-y les pommes de terre et les oignons cuits.

La tortilla est excellente froide. Et tu peux même la glisser dans un sandwich !

4. Remets 1 cuillère d'huile dans la poêle ; quand elle est chaude, verse le contenu du saladier. Après une première cuisson de 3 minutes, il te faudra l'aide d'un adulte. Il s'agit de poser une assiette renversée sur la poêle, de la retourner, puis de faire glisser la tortilla dans la poêle pour une nouvelle cuisson de 3 minutes.

Le flan de thon

Pour 5 personnes

- **1 boîte de thon à l'huile (190 g)**
- **2 boîtes de thon au naturel (190 g)**
- **6 œufs**
- **2 cuillères à soupe de crème fraîche**
- **100 g de fromage blanc**
- **1/2 cuillère à café de sel**
- **2 branches de persil haché**

1. Allume le four à 210 °C / th 6 (chaleur moyenne). Beurre un moule à cake.

2. Égoutte le thon, et écrase-le à la fourchette dans un saladier. Dans un bol, bats les œufs entiers, et verse-les dans le thon. Ajoute les autres ingrédients et mélange.

3. Mets le flan dans le moule, et fais cuire 1/2 heure. Il doit être légèrement doré. Attends qu'il soit bien froid pour le démouler et l'emballer.

Crêpes partie

Qui n'aime pas les crêpes ?
Personne, hélas !
On est bien obligé de les
partager… Heureusement,
en s'y mettant à plusieurs,
on peut en faire des tas
et des tas…

Pour parfumer ta pâte à crêpes, tu as le choix
entre zestes râpés de citron ou d'orange, vanille,
eau de fleur d'oranger, rhum, cannelle…

Pâte « toutes crêpes »

Pour 8 crêpes assez épaisses

- **200 g de farine**
- **1/4 de litre de lait (25 cl)**
- **1/8 de litre d'eau (12,5 cl)**
- **3 œufs**
- **2 cuillères à soupe d'huile**
- **1/4 de cuillère à café de sel**

MATÉRIEL
- **1 crêpière et 1 fouet**

1. Dans un saladier, mélange énergiquement au fouet
la farine et le lait jusqu'à ce qu'il n'y ait plus de grumeaux.

2. Casse les œufs dans un grand bol, bats-les à la fourchette
puis verse-les dans le saladier. Mélange bien. Ajoute le sel,
l'huile, mélange encore, puis, pour finir, verse l'eau.

3. Un dernier coup de fouet, et tu peux laisser reposer
ta pâte le temps de ranger et de préparer la poêle.

Fais sauter tes crêpes !

1. Avec du papier absorbant imbibé
d'huile, graisse une poêle, si possible à
revêtement antiadhésif. Fais-la chauffer
à feu moyen.

2. Lorsque ta poêle est chaude, mais
non fumante, verse une petite louche
de pâte, incline la poêle pour napper
régulièrement le fond. Très vite,
les bords se soulèvent et se décollent
d'eux-mêmes.

3. Retourne ta crêpe avec une spatule
en bois ou, si tu te sens très adroit,
fais-la sauter pour faire cuire l'autre
côté. Fais-la ensuite glisser sur un plat.

Pour les conserver

Pour conserver les crêpes cuites que tu n'as pas
mangées, plie-les en quatre, glisse-les dans un
sachet en plastique et mets-les au réfrigérateur.

Crêpe à la brouillade de tomate

Et pourquoi pas salées ? Tu peux mettre les crêpes à toutes les sauces !

 • **4 crêpes** • **4 œufs**
• **4 tomates de taille moyenne**
• **sel, poivre**

1. Rince et coupe les tomates en gros dés. Fais-les cuire à feu moyen dans une poêle huilée. Lorsqu'elles sont juste fondues, après environ 5 minutes, casse les œufs entiers et ajoute-les. Baisse le feu.

2. Remue avec une cuillère en bois jusqu'à ce que l'aspect soit crémeux.

3. Juste avant d'arrêter la cuisson, ajoute sel, poivre, et mélange.

4. Tartine chaque crêpe de cette préparation, et roule-les assez serrées. Laisse refroidir. Sers ces crêpes en entrée, entières ou coupées en rondelles.

Le gâteau de crêpes aux framboises

Pour 6 personnes

 • **14 crêpes un peu épaisses**
• **300 g de fromage blanc**
• **60 g de sucre + 40 g de sucre glace**
• **100 g de confiture de framboises**
• **des framboises pour le décor (si possible)**

1. Étale une crêpe sur un grand plat. Dans un saladier, mélange le fromage blanc avec 60 g de sucre.

2. Garnis 4 crêpes avec la moitié de cette préparation. Plie chacune d'elles en quatre pour obtenir 4 quarts de cercle que tu poses sur la crêpe en reformant un cercle.

3. Garnis 4 autres crêpes d'une couche de confiture, plie-les, et pose-les sur les 4 premières. Recommence avec 4 crêpes au fromage blanc.

4. Recouvre avec la dernière crêpe. Saupoudre de sucre glace. Décore avec de la confiture.

Crêpes moelleuses

Pour obtenir des crêpes moelleuses, cuis tes crêpes rapidement et à feu vif ; pour des crêpes croustillantes, la cuisson sera plus longue et le feu plus doux.

Pour que ton gâteau tienne bien droit, ne pose pas tes crêpes pliées exactement les unes sur les autres, mais décale-les légèrement.

Un monticule de crêpes peut se métamorphoser en gâteau surprise.

Anniversaire pur sucre

Cette année, pour ton anniversaire tu as décidé de marquer le coup. Il te faut un gâteau spectaculaire. Mais il sera encore plus impressionnant… si tu le fais toi-même !

Le gâteau à étages

- **10 œufs**
  - **250 g de farine**
- **300 g de sucre**
- **300 g de chocolat**
- **150 g de beurre**
- **150 g de crème liquide**
- **50 g de cacao non sucré**

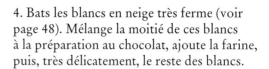

1. Préchauffe le four à 190 °C / th 5 (chaleur modérée). Beurre 3 moules ronds de diamètre différents (par exemple : 15 cm, 22 cm, et 26 cm).

2. Fais fondre le chocolat au bain-marie (voir page 196). Hors du feu, ajoute le beurre en morceaux et mélange. Verse la crème, mélange à nouveau.

3. Casse les œufs en mettant les jaunes dans un grand saladier, et les blancs dans un autre. Verse le chocolat fondu et le sucre dans les jaunes, et remue.

4. Bats les blancs en neige très ferme (voir page 48). Mélange la moitié de ces blancs à la préparation au chocolat, ajoute la farine, puis, très délicatement, le reste des blancs.

5. Répartis la pâte dans les 3 moules, et fais cuire les gâteaux 35 minutes.

6. Démoule-les, et empile-les en commençant par le plus grand. À l'aide d'un tamis, saupoudre de cacao. Décore avec de petits bonbonss.

7. Pose sur le sommet du gâteau trois roses cristallisées. Mets une couche de chantilly entre chaque gâteau. Ça rendra ton « œuvre » à la fois plus solide et plus légère au goût.

Tu peux aussi décorer le sommet et les côtés avec de la crème chantilly.

Les fleurs cristallisées

Une délicate couche de givre pour des fleurs belles à regarder, bonnes à croquer... et si faciles à créer !

- **3 fleurs (des roses par exemple)**
- **1 blanc d'œuf**
- **2 cuillères à soupe d'eau**
- **1/2 cuillère à café d'huile**
- **sucre cristallisé**

1. Trempe rapidement une fleur époussetée, dans un mélange de blanc d'œuf, d'eau et d'huile.

2. Saupoudre-la de sucre cristallisé et laisse-la sécher. C'est tout ! Et quel effet !

Tu peux essayer aussi avec des capucines, des pensées, des feuilles de menthe ou encore des petits fruits comme des groseilles, des raisins... toujours très propres et non traités.

Les mendiants au chocolat

Pour 8 mendiants

- **120 g de chocolat noir à dessert**
- **1 grosse poignée de fruits secs (amandes, pistaches, noisettes, cerneaux de noix, raisins secs...)**
- **2 cuillères à soupe de poudre de fruits secs (au choix : noix de coco, amandes, noisettes...)**

MATÉRIEL
- **papier sulfurisé ou de cuisson**

1. Fais fondre le chocolat au bain-marie (voir page 196). Verse sur du papier sulfurisé des petits ronds de chocolat fondu.

2. Dispose sur le chocolat encore chaud des fruits secs ou de la poudre de fruits.

3. Laisse refroidir, et décolle les mendiants du papier. Pour varier, tu peux aussi utiliser du chocolat blanc ou au lait.

Le biscuit de Savoie

Pour 4 à 6 personnes

• **4 œufs**
• **100 g de farine fluide**
• **140 g de sucre**
• **1/2 cuillère à café de levure (facultatif)**

1. Préchauffe le four à 210 °C / th 6 (chaleur moyenne). Beurre un moule à manqué de 22 cm de diamètre.

2. Casse les œufs en mettant les jaunes dans un saladier, et les blancs dans un autre.

3. Bats les jaunes avec le sucre jusqu'à ce qu'ils deviennent mousseux. Bats les blancs en neige très ferme (voir page 48).

4. Mélange la moitié de ces blancs aux jaunes, ajoute la farine et la levure, puis, délicatement, le reste des blancs.

5. Verse la pâte dans le moule, et fais cuire environ 35 minutes.

Ce gâteau sert de base à toutes sortes de décorations originales avec du sucre, du chocolat ou de la pâte d'amandes.

Le massepain

• **125 g de poudre d'amandes**
• **150 g de sucre glace**
• **1 blanc d'œuf**

1. Dans un grand bol, mélange poudre d'amandes et sucre glace.

2. Fais un creux au milieu de ta poudre (on appelle ça une fontaine), et ajoute peu à peu le blanc d'œuf. Mélange d'abord avec une cuillère en bois. Puis pétris bien le tout. Tu dois obtenir une pâte assez ferme.

3. Rajoute un peu de sucre glace si tu trouves ta pâte trop mouillée.

4. Étale ta pâte d'amandes avec un rouleau. Découpes-y des formes avec des emporte-pièce ou avec des patrons en carton que tu auras dessinés toi-même. Tu peux aussi en recouvrir un gâteau.

Mais rien ne t'empêche d'ajouter ta touche personnelle au massepain : modeler des sujets (fruits, animaux...), et les colorer avec des colorants alimentaires.

Les coupelles à croquer

Des mousses, des crèmes, une salade de fruits, c'est encore meilleur dans des coupes qui se mangent !

Pour 8 coupelles

- **100 g de farine fluide**
- **100 g de sucre glace**
- **2 blancs d'œufs**
- **1 cuillère à soupe de crème fraîche**

MATÉRIEL
- **papier sulfurisé ou de cuisson**

1. Préchauffe le four à 250 °C / th 8 (chaud).

2. À la fourchette, mélange le sucre glace, la farine, les blancs d'œufs et la crème. Remue jusqu'à ce que la préparation soit lisse.

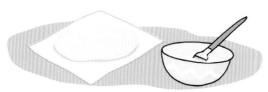

3. Dépose une feuille de papier de cuisson sur la plaque à pâtisserie du four. Verse une cuillère à soupe de pâte sur le papier. Étale au pinceau pour obtenir un cercle d'environ 13 cm de diamètre.

4. Fais cuire pendant 6 minutes : le bord du cercle doit être à peine coloré.

5. Sors-le du four à l'aide du papier de cuisson et mets très rapidement cette pâte encore souple sur un verre posé à l'envers. Donne-lui la forme d'une coupelle avec les mains.

Utilise un verre étroit.
Fais cuire un à deux cercles en même temps, pas plus, car ils durciraient trop vite et tu n'aurais pas le temps de les mouler. Et demande de l'aide, le moulage est délicat à réaliser, et la plaque du four est chaude !

Décors en chocolat

Pour un effet brillant, tu peux « glacer » ton gâteau : recouvre le biscuit avec un mélange fait de 150 g de chocolat fondu et de 100 g de crème fraîche chauffée.

Tu peux aussi utiliser des copeaux de chocolat. Passe un couteau économe le long de l'arête d'une plaque de chocolat pour obtenir des petits copeaux.

Au pochoir

Tu peux créer des décors avec du cacao, de la cannelle, du sucre glace ou du sucre coloré (voir page 53). Pense à soulever le papier découpé avec précaution pour avoir un décor aux contours bien nets.

Sucre coloré

Remplis au 3/4 un petit pot à confiture de sucre, ajoute 3 ou 4 gouttes de colorant (tu en trouveras au rayon « décors de pâtisserie »), visse le couvercle, et agite pour obtenir une jolie couleur uniforme. Attends que le sucre soit sec pour l'utiliser.

Picorer salé

Fête, anniversaire, pyjama-partie…
un buffet varié plaira aussi bien aux
picoreurs qu'aux affamés. Chacun
prend ce qu'il veut ! Mais tu n'es pas
condamné au sucré pour autant.

Pique-assiettes...

Tu as des invités… Il va falloir « assurer » !
Prépare tes plats la veille, pour te consacrer
à la présentation… Prévois une grande table
avec une nappe en papier blanc ou de
couleur unie : tes plats ressortiront mieux.
Il te faudra plus d'assiettes en carton, de
couverts et de gobelets que le nombre
d'invités.

Assiettes et serviettes dépareillées pour une déco très gaie !

Les petits-fours au fromage

Pour 4 personnes

- • **1 pâte feuilletée prête à dérouler**
- • **du fromage râpé (gruyère, comté,**
  emmental ou cantal)
- • **1 jaune d'œuf**

MATÉRIEL
- • **un pinceau de cuisine**

1. Préchauffe le four
à 240 °C / th 7/8 (chaud).

2. Découpe dans la pâte des losanges que
tu badigeonnes de jaune d'œuf avec le
pinceau.

oudre-les de fromage râpé et mets-
n plat ou sur la plaque
'à ce qu'ils dorent.
échauffer juste avant
és.

Des formes craquantes

Donne des formes rigolotes à tes petits-
fours : cœurs, poissons, champignons…
Tu peux aussi tordre des rectangles de pâte
sur eux-mêmes pour obtenir des tortillons.

225

Les coupelles à croquer

Des mousses, des crèmes, une salade de fruits, c'est encore meilleur dans des coupes qui se mangent !

Pour 8 coupelles

- **100 g de farine fluide**
- **100 g de sucre glace**
- **2 blancs d'œufs**
- **1 cuillère à soupe de crème fraîche**

MATÉRIEL
- **papier sulfurisé ou de cuisson**

1. Préchauffe le four à 250 °C / th 8 (chaud).

2. À la fourchette, mélange le sucre glace, la farine, les blancs d'œufs et la crème. Remue jusqu'à ce que la préparation soit lisse.

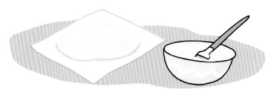

3. Dépose une feuille de papier de cuisson sur la plaque à pâtisserie du four. Verse une cuillère à soupe de pâte sur le papier. Étale au pinceau pour obtenir un cercle d'environ 13 cm de diamètre.

4. Fais cuire pendant 6 minutes : le bord du cercle doit être à peine coloré.

5. Sors-le du four à l'aide du papier de cuisson et mets très rapidement cette pâte encore souple sur un verre posé à l'envers. Donne-lui la forme d'une coupelle avec les mains.

Utilise un verre étroit. Fais cuire un à deux cercles en même temps, pas plus, car ils durciraient trop vite et tu n'aurais pas le temps de les mouler. Et demande de l'aide, le moulage est délicat à réaliser, et la plaque du four est chaude !

Décors en chocolat

Pour un effet brillant, tu peux « glacer » ton gâteau : recouvre le biscuit avec un mélange fait de 150 g de chocolat fondu et de 100 g de crème fraîche chauffée.

Tu peux aussi utiliser des copeaux de chocolat. Passe un couteau économe le long de l'arête d'une plaque de chocolat pour obtenir des petits copeaux.

Au pochoir

Tu peux créer des décors avec du cacao, de la cannelle, du sucre glace ou du sucre coloré (voir page 53). Pense à soulever le papier découpé avec précaution pour avoir un décor aux contours bien nets.

Sucre coloré

Remplis au 3/4 un petit pot à confiture de sucre, ajoute 3 ou 4 gouttes de colorant (tu en trouveras au rayon « décors de pâtisserie »), visse le couvercle, et agite pour obtenir une jolie couleur uniforme. Attends que le sucre soit sec pour l'utiliser.

Picorer salé

Fête, anniversaire, pyjama-partie…
un buffet varié plaira aussi bien aux
picoreurs qu'aux affamés. Chacun
prend ce qu'il veut ! Mais tu n'es pas
condamné au sucré pour autant.

Pique-assiettes…

Tu as des invités… Il va falloir « assurer » !
Prépare tes plats la veille, pour te consacrer
à la présentation… Prévois une grande table
avec une nappe en papier blanc ou de
couleur unie : tes plats ressortiront mieux.
Il te faudra plus d'assiettes en carton, de
couverts et de gobelets que le nombre
d'invités.

Assiettes et serviettes dépareillées pour une déco très gaie !

Les petits-fours au fromage

Pour 4 personnes

• **1 pâte feuilletée prête à dérouler**
• **du fromage râpé (gruyère, comté,
emmental ou cantal)**
• **1 jaune d'œuf**

MATÉRIEL
• **un pinceau de cuisine**

1. Préchauffe le four
à 240 °C / th 7/8 (chaud).

2. Découpe dans la pâte des losanges que
tu badigeonnes de jaune d'œuf avec le
pinceau.

3. Saupoudre-les de fromage râpé et mets-
les au four, dans un plat ou sur la plaque
à pâtisserie, jusqu'à ce qu'ils dorent.
L'idéal est de les réchauffer juste avant
l'arrivée des invités.

Des formes craquantes

Donne des formes rigolotes à tes petits-
fours : cœurs, poissons, champignons…
Tu peux aussi tordre des rectangles de pâte
sur eux-mêmes pour obtenir des tortillons.

Tartines-partie

Il suffit de pas grand-chose pour que les tartines se transforment en « canapés » chic. Fais travailler les autres ! Prévois des pains de goûts (tu as le choix des céréales et des graines...) et de formes différentes, ainsi que plein de garnitures : beurres aromatisés, fromage blanc, fromage en tranche, pâté, jambon, crevettes, crudités, œufs durs, cornichons, épices, fines herbes hachées... Lance un grand concours artistico-gastronomique : à celui qui réussit la tartine la plus créative – et la plus savoureuse !

Des tartines à l'italienne : fromage, tomate et basilic...

Fais des beurres aromatisés

Multiplie les petites portions de beurre, et fais-en des « pâtes à tartiner » originales.

- beurre
- crevettes
- herbes diverses
- jambon
- œuf dur

Beurre moutarde

Mélange 10 g de beurre avec une demi-cuillère à café de moutarde à l'ancienne et un jaune d'œuf dur pilé.

Laisse ramollir le beurre hors du frigo, puis malaxe chaque portion avec l'ingrédient choisi, à l'aide d'une fourchette, jusqu'à obtenir toutes sortes de crèmes que tu entreposes au frigo jusqu'au dernier moment.

Beurre aux herbes

Mélange 10 g de beurre avec une poignée d'herbes hachées (ciboulette, cerfeuil, estragon...), une cuillère à café de jus de citron et une pincée de noix de muscade.

Beurre campagnard

Mélange 10 g de beurre avec 10 g de jambon mixé, un jaune d'œuf dur écrasé et une pincée de basilic haché.

Beurre de crevettes

Mélange 10 g de beurre avec 5 crevettes décortiquées mixées.

Et pourquoi pas sucrés ?

Pense aussi aux beurres sucrés : au cacao, aux zestes d'orange ou de citron, à la cannelle, à la poudre d'amandes...

Tu peux mettre tes mini rations de beurre aromatisé dans le bac à glaçons du frigo pour les démouler sur une assiette au moment de servir, ou leur donner des formes originales avec des emporte-pièce.

Fête les fêtes !

Il n'y a pas que Noël dans la vie !
Pense aussi à Pâques, à la fête des Rois,
à la Saint-Valentin, à Halloween…
Autant d'occasions où tes talents
de cuisinier vont encore briller !

La bûche de Noël

À fête traditionnelle, dessert
incontournable : la bûche de Nöel !
Pour 6 personnes

 BISCUIT
• 4 œufs
• 100 g de farine fluide
• 140 g de sucre

MOUSSE
• 2 œufs
• 60 g de chocolat noir

DÉCOR
• 150 g de chocolat
• 100 g de crème liquide

MATÉRIEL
• papier de cuisson

1. Préchauffe le four à 210 °C / th 6
(chaleur moyenne). Tapisse une plaque à
pâtisserie ou une plaque de four de papier
cuisson. Suis la technique de préparation
du biscuit de Savoie (voir page 224).

2. Verse la pâte sur la plaque et fais cuire
environ 15 minutes : le biscuit doit être juste
cuit (test du couteau qui ressort sec,
voir page 204).

3. Humidifie un torchon propre. Retourne
le biscuit sur le torchon, ôte la plaque
et le papier, et roule le biscuit
dans le torchon. Laisse
refroidir.

4. Pour l'intérieur,
prépare une mousse
au chocolat (voir
page 197) et pour le
décor, prépare un
glaçage au chocolat
(voir page 225).

5. Déroule le biscuit,
tartine-le avec la mousse,
puis roule-le en forme de bûche.

6. Coupe les extrémités de la bûche pour
qu'elle soit bien droite, et recouvre-la
du glaçage. Lorsque le gâteau a un peu
refroidi, dessine des stries à la fourchette
pour représenter les marques du bois.

7. Décore avec des fantaisies de Noël, de
la noix de coco en poudre, du sucre glace…

La vraie galette des Rois

Pour 6 à 8 personnes

- **2 pâtes feuilletées prêtes à dérouler**
- **125 g de poudre d'amandes**
- **50 g de beurre**
- **100 g de sucre en poudre**
- **2 œufs + 1 jaune pour dorer**
- **1 sachet de sucre vanillé ou une cuillère à café de sucre vanillé maison**
- **1 cuillère à soupe de fécule de maïs**
- **10 cl de lait**
- **1 fève (vraie ou fausse)**

MATÉRIEL
- **pinceau de cuisine**

1. Dans un saladier, casse 2 œufs, mélange avec le sucre, et fouette jusqu'à ce que ce mélange devienne mousseux.

2. Ajoute la fécule de maïs et le lait froid. Mélange à nouveau.

3. Verse le tout dans une casserole, et fais cuire à feu très doux jusqu'à ébullition en remuant. Laisse épaissir la crème quelques secondes, et retire du feu.

4. Ajoute la poudre d'amandes, le sucre vanillé et le beurre.

La fête des Rois

Pas de doute : ce sera toi le roi ou la reine de la fête, puisque c'est toi qui auras préparé cette délicieuse galette. Et que c'est toi qui y mettras la fève. Mais personne ne t'oblige à tricher…

5. Préchauffe le four à 220 °C /th 6-7 (chaleur moyenne). Déroule une pâte feuilletée dans un moule à tarte ou à manqué. Remplis-la avec la crème d'amandes jusqu'à 2 cm du bord environ. Caches-y la fève.

6. Recouvre ta galette avec la seconde pâte feuilletée. Soude bien les bords. À l'aide d'un pinceau de cuisine, dore le dessus au jaune d'œuf.

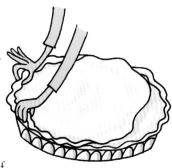

7. Fais cuire 35 à 40 minutes dans le bas du four.

Le gâteau de la Saint-Valentin

Pour 6 personnes

• **2 génoises toutes prêtes, une ronde de 16 cm de diamètre et une carrée de 16 cm de côté (la ronde doit s'inscrire parfaitement dans la carrée, tu peux les recouper si nécessaire).**
• **150 g de mascarpone**
• **1 yaourt**
• **50 g de sucre glace**
• **300 g de fraises**
• **1 cuillère à soupe de confiture de fraises**
• **3 cuillères à soupe de jus de citron**

1. Coupe les génoises en 2 dans l'épaisseur. Coupe aussi la génoise ronde en 2 demi-cercles.

2. Mélange le jus de citron et la confiture avec 2 cuillères à soupe d'eau, et mouille uniformément l'intérieur des génoises avec ce liquide.

3. Garde quelques fraises pour la décoration, découpe le reste en petits morceaux. Bats au fouet le mascarpone avec le yaourt, puis ajoute le sucre.

Une recette
pour faire fondre les cœurs...

4. Garnis l'intérieur des génoises avec la moitié de ce mélange, plus les fraises coupées.

5. Construis un cœur en collant les 2 demi-cercles contre 2 côtés du carré. Recouvre du reste de ton mélange au mascarpone, puis décore de fraises.

L'œuf de Pâques croustillant

Pour un œuf d'environ 15 cm de haut

• **100 g de chocolat au lait**
• **50 g de margarine**
• **150 g de guimauve recouverte de chocolat (petits ours par exemple)**
• **75 g de riz soufflé (rice crispies)**

1. Sur feu très doux, dans une casserole, mélange le chocolat et la margarine. Ajoute les guimauves.

2. Laisse fondre, puis mélange. Retire du feu, ajoute le riz soufflé, mélange à nouveau.

3. Verse la préparation dans 2 bols hauts. Laisse au moins une demi-heure au frais. Démoule et assemble les 2 parties avec un gros nœud décoratif.

Idées

• Pose les bols une dizaine de secondes dans de l'eau chaude avant de les démouler.
• Si tu veux obtenir un œuf creux (à remplir de petits œufs multicolores), verse un peu moins de préparation dans les bols, place un bol plus petit à l'intérieur de chaque grand bol et laisse refroidir ainsi.

La citrouille-lanterne d'Halloween

• **1 potiron ou 1 citrouille**

MATÉRIEL

• **1 bon couteau**

1. Coupe la calotte (le sommet) d'un grand potiron ou d'une citrouille, et vide-le. Garde la chair pour en faire une soupe.

2. Découpe – c'est dur car l'écorce est épaisse ! – 2 ronds pour les yeux, un triangle pour le nez, et une série de petits triangles pour les dents (mais tu peux changer les formes au gré de ton imagination). Mets dedans une grosse bougie. Ambiance garantie !

Pour cette nuit d'épouvante, fabrique, comme les Américains, une Jack O' Lantern, cette citrouille-lanterne au sourire grimaçant.

La soupe au potiron d'Halloween

Elle est aussi bonne à d'autres moments... et il n'y a pas plus simple à faire !

Pour 6 personnes

• **la chair du potiron vidé, débarrassée de ses graines**
• **10 cl de crème fraîche**
• **sel et poivre**

MATÉRIEL
• **mixeur**

1. Coupe la chair du potiron en morceaux.

2. Dans une grande casserole, mets les morceaux de potiron, et recouvre-les complètement d'eau.

3. Fais cuire une vingtaine de minutes à feu moyen.

4. Mixe bien, puis ajoute la crème fraîche, le sel et le poivre.

5. Sers aussitôt avec une assiette de persil haché ou de fromage râpé dont chacun saupoudre son assiette.

Cuisine du monde

Un repas de fête, ce peut être, tout simplement, un repas qui sort de l'ordinaire. Teste ces recettes pleines de soleil, à présenter en buffet, pour voyager avec des saveurs d'ailleurs…

GRÈCE

La salade à la feta

• **150 g de fromage de type feta** (du fromage de brebis grec)
• **4 tomates**
• **1 vingtaine d'olives noires**
• **1 poivron vert**

1. Lave les légumes.

2. Coupe les tomates en tranches, le fromage en dés, et le poivron en lamelles, après avoir enlevé ses graines.

3. Dans chaque assiette, dispose ces ingrédients, décore avec des olives. Assaisonne avec deux pincées de sel, une de poivre, et une cuillère à soupe d'huile d'olive.

LIBAN

Le taboulé

• **250 g de semoule de couscous grains moyens**
• **3 tomates et 3 citrons**
• **1 poignée de persil et de menthe fraîche**
• **1 cuillère à café de sel, 3 cuillères à soupe d'huile**

1. Rince les tomates, le persil et la menthe.

2. Coupe les tomates en dés, hache le persil et la menthe. Presse les citrons.

3. Dans un grand saladier, mets le jus de citron, les tomates, le sel, l'huile, le persil et la menthe, puis la semoule.

4. Mélange bien, et garde au frais au moins 2 heures avant de servir.

Idée

Les Libanais mettent beaucoup plus de persil et moins de semoule. C'est encore plus frais !

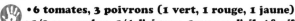

ESPAGNE
Le gaspacho

• **6 tomates, 3 poivrons (1 vert, 1 rouge, 1 jaune)**
• **1/2 concombre, 1/4 d'oignon, 1 gousse d'ail, 4 feuilles de basilic**
• **1 cuillère à soupe de concentré de tomate, 200 g de pain de mie**

1. Lave les légumes. Pèle le concombre, coupe les poivrons en deux et enlève les graines. Mets de côté les éléments de l'accompagnement : 2 tomates, 1/4 de concombre, 1/2 poivron de chaque couleur.

2. Coupe les légumes restant en morceaux (après avoir pelé et épépiné les tomates) et mélange avec le pain, le concentré de tomate, le basilic, l'ail, trois cuillères à soupe d'huile d'olive, 1/2 cuillère à café de vinaigre, 1/4 de litre d'eau, 4 pincées de sel, 1 pincée de poivre. Une demie heure plus tard, mixe le tout et mets au frigo.

3. Sers cette soupe très froide accompagnée des légumes de garniture coupés en tout petits cubes.

MAROC
La salade soleil

• **8 oranges**
• **1 cuillère à soupe d'eau de fleur d'oranger**
• **1 cuillère à café de cannelle en poudre**
• **2 cuillères à soupe de miel liquide**

1. Pèle les oranges, puis coupe-les en rondelles fines en recueillant le jus. Installe les rondelles dans quatre assiettes plates.

2. Mélange le jus d'orange, le miel et l'eau de fleur d'oranger, et verse ce liquide sur les rondelles d'orange. Saupoudre de cannelle.

3. Mets les assiettes au frigo au moins une heure avant de servir.

ASIE
La salade de soja

• **250 g de germes de soja frais, 1/4 de chou rouge**
• **1/2 concombre, 1/2 poivron rouge**
• **du persil ou de la coriandre**
• **1 cuillère à soupe de sauce soja**
• **1 cuillère à soupe de vinaigre, 3 cuillères à soupe d'huile**

1. Retire les feuilles fanées du chou. Lave bien tous les légumes.

2. Découpe le chou, le concombre et le poivron en fines lamelles. Répartis les légumes dans un plat, en commençant par les germes de soja.

3. Hache le persil ou la coriandre (gardes-en quelques brins pour décorer). Mélange-les avec la sauce soja, le vinaigre, l'huile, et verse cette sauce sur la salade.

Une « simple » tartine peut être une vraie création,
quand on associe saveurs et textures : ici, le fondant
du fromage frais et le croquant du radis
et du concombre, pour mordre
à pleines dents dans
le printemps...

Les métiers

Adresses

Glossaire

Recettes

Index

Crédits

COPAIN DE LA CUISINE

CAHIER

PRATIQUE

Les métiers

Cuisinier

Passion et exigences

Un beau métier, mais très exigeant ! De nombreuses années sont nécessaires pour arriver à maîtriser l'art culinaire. Qu'il travaille pour un simple bistrot ou un grand restaurant, le cuisinier est d'abord un passionné. Créatif, habile, méticuleux, il doit savoir travailler en équipe, gérer les stocks de nourriture (souvent par ordinateur), se montrer impeccable sur le plan de la propreté et l'hygiène. Il sera résistant à la fatigue et au stress, car les journées en cuisine sont longues.

Pour commencer

On peut choisir la formule de l'apprentissage chez un restaurateur, préparer un BEP hôtellerie-restauration ou un CAP cuisine dans un lycée professionnel ou une école d'hôtellerie, ou présenter un bac pro restauration. Il y a aussi l'option du BTS hôtellerie-restauration, une fois le bac en poche. Après l'apprentissage ou le diplôme, on débute comme « commis de cuisine ». Le commis participe à la confection des entrées, des plats froids, et petit à petit, à la préparation de certains plats. Il se familiarisera avec les diverses spécialités (il sera alors « commis tournant ») sous les ordres du chef de partie ou du cuisinier. « L'aide-cuisinier » est un apprenti ou un stagiaire. Il fait les corvées d'épluchage et d'entretien, et réalise aussi des entrées simples.

Chef de cuisine

L'imagination au pouvoir

Seul maître à bord, le chef de cuisine choisit les produits, décide du menu, et commande son équipage, qui exécute le travail selon ses directives. Il supervise, goûte, rectifie parfois un assaisonnement ou une présentation. Les plats, une fois mis au point, ne doivent plus évoluer : qualité et saveur ne peuvent pas varier. Jusqu'au prochain changement de carte... Ses responsabilités sont énormes : il doit satisfaire le client et asseoir la réputation du restaurant. Certains chefs deviennent des célébrités !

Une brigade de choc

Dans les grands restaurants, le chef de cuisine commande toute une « brigade ». Le « chef de partie » est un cuisinier expérimenté qui se consacre à une spécialité (viandes, poissons, sauces, pâtisserie...) ou à une partie du menu (le froid ou le chaud...), sous la direction du chef de cuisine. Il organise et contrôle le travail des commis placés sous ses ordres. Pour devenir chef (un poste qui suppose une longue expérience), on peut suivre la filière classique pour le métier de cuisinier, avec, au niveau du bac, le choix entre un bac pro restauration, un bac techno hôtellerie et un brevet professionnel cuisinier. Le BTS hôtellerie-restauration, option art culinaire, art de la table et du service permet d'occuper un emploi de premier commis ou de chef de partie.

Du serveur au chef de rang

Tout sourire...

Pour qu'un restaurant ait du succès, il faut que les clients soient contents de la cuisine..., mais aussi de l'ambiance : un décor agréable et quelqu'un qui reçoit avec le sourire... Le personnel qui travaille en salle a deux priorités : l'accueil des clients, et le service le plus rapide et efficace possible. Quel que soit le poste occupé, les qualités demandées sont un peu semblables : un bon contact, une bonne présentation, de la rapidité, de la débrouillardise, de l'adresse... Plus des bonnes jambes : on est debout tout le temps..., et on trotte sans cesse ! La connaissance de langues étrangères est un atout. En salle, comme en cuisine, on grimpe l'échelle des postes, à force de travail et de compétences.

Assurance et efficacité

Dès son arrivée, le serveur (ou la serveuse) s'occupe de la « mise en place » : vérifier que rien ne manque sur la table. Puis il assure le service des repas. Il va chercher les plats, et les sert dans les règles. Sourire aux lèvres, il réussit le tour de force de porter plusieurs assiettes à la fois en se faufilant entre les tables... Dans les grands restaurants, on appelle « chef de rang » celui ou celle qui est chargé(e) d'un « rang » de tables. Le chef de rang prend les commandes et surveille le service. Il présente les plats aux clients et effectue les opérations spectaculaires ou délicates (flambage, découpe...). Pour se former aux métiers du service de restaurant, on peut suivre les mêmes filières que pour les métiers de la cuisine, ou présenter un bac techno hôtellerie.

Maître d'hôtel

L'homme-orchestre

Contrairement à ce que son nom peut laisser croire, le maître d'hôtel travaille... dans un restaurant. Il est, en salle, l'égal du chef en cuisine. Il accueille les clients à leur arrivée et les installe à leur table, avant de laisser la place au chef de rang. S'il n'y a pas de chef de rang, il prend lui-même les commandes. Il organise et contrôle le travail de chacun dans la salle. Si nécessaire, il peut lui-même participer à chaque étape du service. Il a l'œil à tout, et vérifie que le client est satisfait. Il travaille en collaboration avec le sommelier et avec le chef cuisinier.

Expérience et sens du contact

Ne devient maître d'hôtel que celui qui a une parfaite maîtrise du service en salle, mais aussi de bonnes connaissances en cuisine, en œnologie, et en langues étrangères. Cette somme de savoir ne s'obtient qu'au bout de longues années de métier ! Pour se lancer dans cette profession, il faut un très bon sens du contact, une excellente présentation, des qualités d'organisateur et de dirigeant. Les filières classiques de la cuisine ou du service sont possibles, (CAP ou BEP). Un bac pro restauration, un bac techno hôtellerie ou encore un BTS hôtellerie-restauration sont également de bons points de départ...

Les métiers

Adresses

Glossaire

Recettes

Index

Crédits

Cuisinier de collectivité

Un bon gestionnaire

Qu'il travaille pour une cantine d'école, un restaurant d'entreprise, une cafétéria, une maison de retraite ou un hôpital, le cuisinier de collectivité a les mêmes obligations : nourrir beaucoup de monde à la fois, dans les limites d'un budget, en respectant l'équilibre alimentaire, et des normes d'hygiène et de qualité très strictes. C'est un véritable défi que de faire bien à manger dans ces conditions ! Comme tout travail en cuisine, c'est un métier fatigant. Mais les horaires sont moins lourds que dans la restauration traditionnelle.

Un travail collectif

Le cuisinier de collectivité connaît les bases de la cuisine et les règles d'hygiène. Il sait passer des commandes, gérer des stocks, et travailler en équipe. Pour devenir cuisinier de collectivité, il faut avoir au minimum en poche un BEP métiers de la cuisine ou de la restauration, un CAP cuisine ou restaurant, ou un bac pro cuisine. À partir de là, il existe des formations spécifiques.

Pâtissier

Un artiste du sucré

Qu'il paraît doux, le métier de pâtissier, qui élabore des merveilles dans un univers ouatiné de crèmes, de pâtes, de chocolat, de nougatine..., comme dans un conte de fée. En réalité, ce métier, dur sur bien des plans, exige une réelle motivation. Le pâtissier doit savoir confectionner, outre des tartes et gâteaux variés, des viennoiseries, des glaces, des chocolats, des confiseries. Il officie dans un laboratoire, doté de tout le matériel nécessaire à la fabrication : plans de travail, plaques de cuisson, fours, chambres de fermentation et de réfrigération.

Un travailleur infatigable

Maîtriser l'élaboration des pâtisseries mises au point par des générations de professionnels demande déjà beaucoup de travail. Alors, se lancer dans des œuvres originales... La journée du pâtissier débute très tôt, le matin. Et il est sur le pied de guerre le week-end et les jours fériés ! Qu'il travaille dans une pâtisserie, dans un restaurant ou pour l'industrie, ses qualités seront les mêmes : adresse et rapidité dans l'exécution des gestes, rigueur dans le suivi des recettes, minutie dans les dosages, et créativité... Pour devenir pâtissier, une formation en apprentissage reste appréciée. On peut faire un BEP alimentation dominante pâtisserie, ou passer son CAP pâtissier, glacier, chocolatier, confiseur. Il est possible ensuite de faire une année de plus pour avoir une mention complémentaire (MC) pâtisserie, glacerie, chocolaterie, confiserie spécialisée.

Adresses utiles

• Tu peux te procurer de la documentation sur la meilleure façon de se nourrir, et sur les sujets liés à la nutrition et à la diététique à l'INPES (Institut national de prévention et d'éducation pour la santé) :

INPES
42, bd de la Libération
93203 Saint-Denis Cedex
Tél. : 01 49 33 22 22

Tu peux télécharger gratuitement sur leur site www.inpes.sante.fr le guide *La santé vient en bougeant, le guide nutrition pour tous*. Les recommandations des nutritionnistes y sont expliquées de façon simple et pratique. À découvrir, leur site axé sur le thème de la nutrition, ludique et coloré : www.mangerbouger.fr

• Pour faire le plein d'infos sur le sucre, et te régaler avec jeux et recettes sucrés, visite le site sophistiqué du CEDUS (Centre d'études et de documentation du sucre) : www.lesucre.com

CEDUS
23, avenue d'Iéna
75116 Paris
Tél. : 01 44 05 39 99

• Pour trouver des infos sur le lait et les produits laitiers, ainsi que des recettes, adresse-toi au CIDIL (Centre interprofessionnel de documentation et d'information laitières).

CIDIL
42, rue de Châteaudun
75009 Paris
Tél. : 01 49 70 71 71
Tu consulteras avec plaisir leur site www.produits-laitiers.com (avec, en prime, des infos sur les produits laitiers et la viande bio).

• Le site général de l'APRIFEL (Agence pour la recherche et l'information en fruits et légumes) est une véritable mine d'or pour ceux qui préparent des exposés, avec ses fiches détaillées sur chaque produit : www.aprifel.com
Et leur site spécial cuisine finira de te prouver que fruits et légumes riment avec gourmandise : www.fraichattitude.com

• Impossible de te donner une liste de tous les sites et blogs créés par des passionnés de cuisine, il y en a trop ! En plus, ils naissent et disparaissent souvent très vite...
Voici quand même un site de référence pour les cuisiniers, la communauté des gourmands : www.marmiton.org
Avec leur site spécial apprentis cuisiniers, interdit aux plus de 18 ans : www.marmikid.org

• Si, toi aussi, tu es un fan de pomme, tu peux rejoindre ces deux associations, qui défendent les vieilles variétés :

Société pomologique du Berry
Maison de la Pomme
Parc de la salle des fêtes
36230 Neuvy-Saint-Sépulchre
Tél. : 02 54 30 94 35
http://societe.pomologique.berry.pagesperso-orange.fr

Les Mordus de la pomme
Maison des associations
1, rue du Val
22100 Quévert
www.mordusdelapomme.fr

• Tu peux visiter le **musée de la Fraise et du Patrimoine de Plougastel**
rue Louis-Nicolle - BP 17
29470 Plougastel-Daoulas
Tél. : 02 98 40 21 18
www.musee-fraise.net

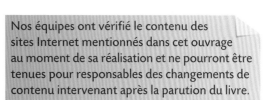

Pour dégoter les bons renseignements sur les métiers de la cuisine et de la restauration, ainsi que les formations à suivre, visite en priorité le site de l'Office national d'information sur les professions : www.Onisep.fr
Tu peux consulter aussi : www.letudiant.fr

Nos équipes ont vérifié le contenu des sites Internet mentionnés dans cet ouvrage au moment de sa réalisation et ne pourront être tenues pour responsables des changements de contenu intervenant après la parution du livre.

Glossaire

Attacher : brûler en restant collé au fond de la casserole.

Bain-marie : ce « bain », c'est une grande casserole remplie d'eau chaude dans laquelle on trempe une casserole plus petite contenant l'aliment à cuire. Pour une cuisson tout en douceur...

Blanchir : plonger quelques instants dans l'eau bouillante.

Blondir (faire blondir) : faire prendre une couleur légèrement dorée en faisant revenir doucement.

Bouilli : cuit dans l'eau, à gros bouillons.

Braiser : cuire doucement une viande dans une casserole bien fermée.

Caramel (faire un caramel) : faire chauffer du sucre avec un tout petit peu d'eau. Plus il cuit, plus le caramel sera sombre et dur.

Coulis : purée liquide à base de légumes ou de fruits (tomates, fraises, abricots...).

Court-bouillon : liquide aromatisé et épicé dans lequel on fait cuire le poisson.

Crème anglaise : crème liquide à base d'œufs et de lait.

Crème fouettée : si tu bats de la crème fraîche liquide, tu la verras s'épaissir de plus en plus... Un régal, avec un peu de sucre ! Mais si tu la bats trop, elle se transforme en beurre !

Croûtons : les croûtons de pain dorés au four ou dans l'huile sont excellents dans la soupe. En pain de mie, ils peuvent aussi servir de décoration, si on les découpe en triangles, en cœurs, en ronds...

Déglacer : ajouter un peu de liquide dans le fond de cuisson pour en faire une sauce.

Délayer : dissoudre (de la farine...) dans un liquide.

Dorer : passer du jaune d'œuf sur une pâte avec un pinceau pour qu'elle prenne une belle couleur dorée, au four.

Ébullition : quand de grosses bulles montent à la surface du liquide chauffé.

Émincer : couper en fines tranches la viande ou les légumes.

Filets (lever les filets) : séparer la chair du poisson (les filets) de l'arête centrale qui va de la tête à la queue.

Fontaine : tas de farine en forme de volcan. On y pratique un trou au sommet, le puits, dans lequel on place les autres ingrédients de la future pâte.

Fouetter (ou battre) : aucune violence ! Il s'agit de remuer vivement un liquide (des œufs, de la crème fraîche...) avec une fourchette ou un fouet.

Frémir : quand un liquide commence à s'agiter, avant qu'il bouille avec de grosses bulles.

Frire : plonger dans une grande quantité de matière grasse très chaude.

Garniture : les légumes qui accompagnent une viande.

Givrer (verre givré) : tremper le bord des verres dans une soucoupe remplie de jus de citron ou de sirop (menthe, grenadine, orange...) puis dans du sucre en poudre. Très joli à l'apéritif !

Glacer : couvrir le dessus d'un gâteau d'un mélange de 5 cuillères à soupe de sucre tamisé pour 1 blanc d'œuf. Le glaçage peut être coloré avec un colorant alimentaire.

Glaçons : personnalise-les en mettant de petites fraises, des bonbons, une feuille de menthe... dans chaque case du bac à glaçons avant de le faire geler.

Gratiner : passer un plat au four pour lui donner une croûte dorée.

Griller : cuire au-dessus des braises, sur la grille du four, ou sur une plaque brûlante, sans matière grasse.

Glossaire

Recettes

Index

Crédits

Grumeaux : ces petites boules de farine mal mélangées dans les sauces et les crèmes sont les ennemis du cuisinier ! On s'en débarrasse à coups de fouet... ou de mixeur !

Lier (faire une liaison) : épaissir une sauce avec un féculent (farine, fécule), de l'œuf ou de la crème.

Mijoter : cuire tout doucement, à petit feu.

Monter : rendre plus ferme un ingrédient liquide en le battant (monter une mayonnaise).

Napper : recouvrir de sauce.

Paner : passer un aliment dans la farine, dans un œuf battu et dans la chapelure, avant de le faire frire.

Papillote (cuire en papillote) : envelopper l'aliment dans une feuille d'aluminium ou un papier de cuisson pour qu'il cuise dans son jus, au four.

Pocher : cuire (des œufs, du poisson...) dans une eau à peine bouillante.

Poêler : faire cuire à la poêle.

Pression (casserole à pression ou Cocotte-minute) : l'eau bout à 100 °C, c'est connu... sauf si on augmente la pression de l'air dans la casserole. Dans une casserole à pression, la vapeur atteint 150 °C, les aliments y cuisent donc beaucoup plus vite !

Revenir (faire revenir) : cuire dans un peu de matière grasse.

Rissoler : faire revenir l'aliment de tous côtés jusqu'à ce qu'il se couvre d'une enveloppe croustillante.

Rôtir : cuire dans un four bien chaud une viande sans sauce.

Saisir : jeter l'aliment dans la matière grasse très chaude pour qu'il dore rapidement en surface et reste cru à l'intérieur.

Sauter (faire sauter) : faire revenir à feu vif.

Tamiser : passer farine, sucre ou cacao à travers une passoire pour les rendre plus fins.

Vapeur (cuire à la vapeur) : cuire dans un panier suspendu au-dessus d'un liquide bouillant.

Zestes d'orange et de citron : très décoratifs, surtout si on arrive à les faire très longs et minces (il existe des couteaux spéciaux, les zesteurs).

Les recettes

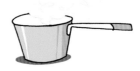

Recettes

Index

Crédits

Index

A

B

C

Index

Crédits

Index

Crédits

251

Crédit des illustrations et des photographies

Corbis

p. 5 : Maximilian Stock Ltd / Photocuisine ; p. 8-9 : Randy Faris ; p. 11 (hm) : Fancy / Veer ; p. 11 (bg) : Clouds Hill Imaging Ltd. ; p. 12 : Norbert Schaefer ; p. 14 : Maximilian Stock Ltd / Photocuisine ; p. 15 (h) : Pixland ; p. 15 (b) : Visuals Unlimited ; p. 16 : Sora ; p. 17 : image100 ; p. 18-19 : Catherine Karnow ; p. 20 (h) : moodboard ; p. 20 (b) : Massimo Ripani / Grand Tour ; p. 21 : Remi Benali ; p 22-23 : Cynthia Hart Designer ; p. 25 (h) : Michael Nicholson ; p. 25 (b) : Gianni Dagli Orti ; p. 26 (h) : The Art Archive ; p. 26 (b) : Werner Forman ; p. 27 : Arvind Garg ; p. 28 (h) : Penelope Edgar / zefa ; p. 29 (h) : Solus-Veer ; p. 29 (bg) : amanaimages ; p. 29 (bd) : Lois Ellen Frank ; p. 30 (h) : Heide Benser / zefa ; p. 30 (b) : Bruno Ehrs ; p. 31 (h) : Hall / PhotoCuisine ; p. 31 (b) : Dana Hoff / Beateworks ; p. 32 (h) : M.Paquin/photocuisine ; p 34-35 : Michelle Garrett ; p. 36 : Peter Adams ; p. 37(mg) : Gaurier / photocuisine ; p. 37 (hd) : Tim Pannell ; p. 37 (b) : Craig Lovell ; p. 38 : Judith Haeusler / zefa ; p. 39 (h) : Edward Bock ; p. 39 (b) : Radius Images ; p. 40 : Benelux / zefa ; p. 41 : R. CREATION / amanaimages ; p. 43 (bg) (couteau) : MedioImages ; p 44-45 : Estelle Klawitte r/ zefa ; p 46 : Kevin Cruf ; p 46-47 (m) : Heiko Wolfraum / dpa ; p 47 (hd) : Ingolf Hatz / zefa ; p 47 (b) : Michael Porsche / zefa ; p 48 : Fancy / Veer ; p 49 : J.Riou/photocuisine ; p 52 (h) : Hussenot/photocuisine ; p 52 (b) : J.Bilic/ photocuisine ; p 53 : Studio Eye ; p 54-55 : Michelle Garrett ; p. 56 : Rault Jean-François / Kipa (Fleurs de sel / TV Film 2 90 Minute Parts) ; p. 57 : Jon Arnold / JAI ; p. 58 : Paul Hardy ; p. 59 (b) : Marielle / photocuisine ; p. 64 (b) : Y.Bagros / photocuisine ; p. 65 : Flayols / photocuisin ; p. 66 : Renaudin / photocuisine ; p. 68 (h) : amanaimages ; p. 68 (b) : Envision ; p. 69 (h) : Louis Laurent Grandadam ; p. 69 (b) : Bagros / PhotoCuisine ; p. 70-71 : Maximilian Stock Ltd / PhotoCuisine ; p. 72 : First / zefa ; p. 74 : Gianni Dagli Orti ; p. 75 (h) : Frank Lukasseck ; p. 75 (b) : Markus Botzek / zefa ; p. 76 (g) : Riou /photocuisine ; p. 76 (d) : Lois Ellen Frank ; p. 78 : Michael Weschler / PictureArts ; p. 79 (h) : Radius Images ; p. 80 : B.Marielle / photocuisine ; p. 82 : Baumgartner Olivia ; p. 83 : P.Hussenot / photocuisine ; p. 84 : Studio Eye ; p. 85 : Manceau / photocuisine ; p. 86 : Adrian Arbib ; p. 87 (h) : Floresco Productions ; p. 87 (b) : Ryman Cabannes / PhotoCuisine ; p. 89 : Hall/ SoFood ; p. 90 (h) : Anna Peis / zefa ; p. 90 (b) : A.Muriot / photocuisine ; p 92-93 : Riou / photocuisine ; p. 94 : Floris Leeuwenberg/ The Cover Story ; p. 95 : Lowell Georgia ; p. 96 : J.Garcia/ photocuisine ; p. 97 : Y.Bagros / photocuisine ; p. 98 : Roulier / Turiot/photocuisine ; p. 99 (g) : Steve Lupton ; p. 99 (d) : Bilic / photocuisine ; p. 100 : David Reed ; p. 101 (hg) : Roy McMahon ; p. 101 (hd) : Helen King ; p. 101 (b) : Fancy / Veer ; p. 102 (b) : Bagros / PhotoCuisine ; p. 102 (b) : Bono / photocuisine ; p. 103 (b) : F.Nicol / photocuisine ; p. 103 (b) : Envision ;

p. 105 (h) : Grivet / PhotoCuisine ; p. 105 (m) : Dana Hoff / Beateworks ; p. 105 (b) : Envision ; p. 106 : Wim Hanenberg / Imageshop ; p. 107 (h) : Benelux / zefa ; p. 107 (b) : Veronique Leplat / Grand Tour ; p. 109 (h) : Radius Images ; p. 109 (b) : M.Leduc / photocuisine ; p. 110-111 : Roulier / Turiot / PhotoCuisine / Corbis ; p. 114 : H et M / photocuisine ; p. 115 : Riou / photocuisine ; p. 116 (hg) : Maximilian Stock Ltd / photocuisine ; p. 116 (hd) : Pulp Photography ; p. 117 (bg) : Envision ; p. 117 (bg) : L.Nicoloso / photocuisine ; p. 118 : Roulier / Turiot / PhotoCuisine ; p. 119 (h) : Clément / photocuisine ; p. 119 (b) : Image Source ; p. 120 (h) : Jupiterimages / Brand X ; p. 120 (b) : Garcia / photocuisine ; p. 121 : Roulier / Turiot / photocuisine ; p. 122 (hd) : J.Garcia / photocuisine ; p. 122 (b) : Becky Luigart-Stayner ; p. 123 (hg) : J.Garcia / photocuisine ; p. 123 (hm) : Envision ; p. 123 (hd) : Barry Gregg ; p. 125 : Riou / photocuisine ; p. 127 (md) : CorbisRF ; p. 127 (bg) : C.Fleurent / photocuisine ; p. 128 : Caste / photocuisine ; p. 129 : Laurence Mouton / PhotoAlto ; p. 133 : Hussenot / PhotoCuisine ; p. 137 (mg) : Image Source ; p. 137 (bd) : Bichon / photocuisine ; p 138-139 : Taillard /photocuisine ; p. 140 : Goodshoot ; p. 141 : Roulier / Turiot / photocuisine ; p. 142 : P.Hussenot / photocuisine ; p. 143 (h) : DLILLC ; p. 143 (b) : P.Desgrieux / photocuisine ; p. 145 : Y.Bagros / photocuisine ; p. 146 (h) : ImageSource ; p. 146 (b) : L.Nicoloso / photocuisine ; p. 147 (h) : Robert Dowling ; p. 147 (b) : Desgrieux / photocuisine ; p. 148 : Bagros / PhotoCuisine ; p. 149 : N.Leser / photocuisine ; p. 150 (h) : image100 ; p. 150 (b) : Digital Zoo ; p. 151 : Bilic / PhotoCuisine ; p. 152 : Fancy / Veer ; p. 153 : Benelux / zefa ; p. 154 : Roulier / Turiot / photocuisine ; p. 155 : Desgrieux / photocuisine ; p. 156 : Hussenot / photocuisine ; p. 159 : Murtin / photocuisine ; p. 161 : Fotospring / photocuisine ; p. 162 (h) : Roulier / Turiot / PhotoCuisine ; p. 162 (b) : Rainer Holz/zefa ; p. 163 : Stuart Westmorland ; p. 164 (h) : Roulier / Turiot / PhotoCuisine ; p. 164 (b) : Desgrieux / photocuisine ; p. 165 : Roulier / Turiot/photocuisine ; p 166-167 : Burke / Triolo Productions / Brand X ; p. 168 (m) : Michael A. Keller ; p. 168 (b) : image100 ; p. 169 (h) : Cabannes / PhotoCuisine ; p. 169 (b) : Apple and Roquefort Sandwich ; p. 170 : Bilic / photocuisine ; p. 172 (h) : Steven Mark Needham / Envision ; p. 172 (m) : Garcia / photocuisine (nectarines), Jupiterimages/Brand X (brugnons et prunes), J.C.Valette / photocuisine (abricots), Envision (pêches), Murtin / photocuisine (cerises) Chris Collins (pruneaux) ; p. 173 : Christian Schmidt / zefa ; p. 174 : Riou/SoFood ; p. 175 : Bagros / photocuisine ; p. 176 : Ryman Cabannes / photocuisine ; p. 177 (hg) : Steve Lupton ; p. 177 (bg) : da Costa / photocuisine ; p. 177 (bd) : B.Marielle / photocuisine ; p. 178 : J.Mallet / photocuisine ; p. 179 : Michael Boys ; p. 180 (m) : P.Ginet–Drin / photocuisine (citron), Tetra Images (orange), Poisson d'Avri l/ SoFood (pamplemousse) ; p. 180 (b) : Roulier / Turiot / photocuisine ; p. 181 : Veigas /photocuisine ; p. 182 (h) : J.Riou/photocuisine ; p. 183 (h) : Stuart Westmorland ; p. 183 (b) : Riou / photocuisine ; p. 184 (m) : Ron Watts ; p. 185 : Mascarucci ; p. 186 (m) : Image Source ; p. 186 (kiwi) : Kazunori Yoshikwa / amanaimages ; p. 186 (lychees) : J.Garcia / photocuisine ; p. 187 (h) : Bagros / photocuisine ; p. 187 (b) : Guedes / photocuisine ; p 188-189 : Solus-Veer ; p. 190 : P. Desgrieux / photocuisine ; p. 191 : Hussenot / photocuisine ; p. 192 (bg) : Garcia / photocuisine ; p. 192 (bd) : Brand X ; p. 193 (h) : Desgrieux / photocuisine ; p. 193 (b) : Hein van den Heuvel / zefa ; p. 194 (m) : Hussenot / photocuisine ; p. 194 (b) : Czap / PhotoCuisine ; p. 195 : Bury/photocuisine ; p. 196 : V.Guedes / photocuisine ; p. 197 : Caste / photocuisine ; p. 198 : Roulier/Turiot / photocuisine ; p. 200 : Lew Robertson ; p. 201 (h) : Hall / PhotoCuisine ; p. 201 (b) : Scott Speakes ; p. 202 (h) : Mascarucci ; p. 202 (b) : Riou/SoFood ; p. 203 : Michelle Garrett ; p. 204 : Becky Luigart-Stayner ; p. 205 : Lawton / photocuisine ; p. 206 (h) : Steven Mark Needham / Envision ; p. 206 (b) : Taillard / photocuisine ; p. 207 : P. Hussenot / photocuisine ; p. 208 (h) : Photo Division / bilderlounge ; p. 208 (bd) : Bury / photocuisine ; p. 210 : J.Riou / photocuisine ; p. 212 (h) : J.Riou / photocuisine ; p. 212 (b) : M.Paquin / photocuisine ; p 214-215 : Carlos Dominguez ; p. 216 : Michael A. Keller /zefa ; p. 217 (mg) : C.Fleurent / photocuisine ; p. 217 (bd) Dennis M. Gottlieb ; p. 218 (h) : J.Hall / photocuisine ; p. 218 (b) : J.Riou / photocuisine ; p. 219 : B.Norris/photocuisine ; p. 224 (h) : A. Huber / U. Starke/zefa ; p. 224 (b) :Envision ; p. 226 : Value RF ; p. 227 : J. Riou /photocuisine ; p. 229 : Bichon / photocuisine ; p. 231 : Viel / photocuisine ; p. 232-233 (terre) : John Gillmoure ; p. 234 : Caste / photocuisine ; p. 236 : Don Hammond/Design Pics ; p. 237 : Dex Images.

Colibri
p. 134 (bg) : J.L. Paumard ; p. 134 (bm) : S. Breal ; p. 134 (bd) : C. Testu ; p. 135 (g) : P. Nief ; p. 135 (m) : P. Nief ; p. 135 (d) : N. Vanneyre.

Leemage
p. 28 (b) : Heritage Images ; p. 192 (h) : Heritage Images.

Milan
p. 11 (hg) (mg) (hd) (md), p. 13, p. 42-43, p. 44-45 (ustensiles sauf couteau), p.50-51, p. 59 (h), p. 60-61, p. 62-63, p. 64 (h), p. 79 (bd) et(bg), p. 112, p. 122 (hg), p. 124, p. 126, p. 127 (hd), p. 130-131, p. 134 (h), p. 137 (hd), p. 182 (b), p. 184 (h), p. 184 (b), p. 208 (bg), p. 216 (mg), p. 217 (hg), p. 217 (hd), p. 220, p. 221, p. 222, p. 223, p. 228, p. 230, p. 232-233 (plats).

ILLUSTRATIONS

Frédérique Vayssières :
p. 5, p. 6, p. 7, p.10, p. 13, p. 17, p. 20, p. 24, p. 32, p. 41, p. 48-49, p. 51, p. 57, p. 61, p. 63, p. 65, p. 67, p. 68, p.69, p.77, p. 78, p. 79, p. 80, p. 81, p. 83, p. 84, p. 85, p. 88, p. 89, p. 91, p. 95(b), p. 96, p. 97, p. 99, p. 104, p. 106, p. 108, p. 113, p. 114, p. 115, p. 116, p. 119, p. 120, p. 121, p. 125, p. 126, p. 129, p. 131, p. 132, p. 133, p. 135 (d), p. 136, p. 142, p. 144, p. 145, p. 151, p. 153, p. 154, p. 155, p. 165, p. 170, p. 171, p. 173, p. 175, p. 177, p. 180, p. 181, p. 182, p. 185, p. 186, p. 191, p. 195, p. 196, p. 197, p. 199, p. 201, p. 202, p. 203, p. 204, p. 205, p. 207, p. 209, p. 210, p. 211, p. 213, p. 216, p. 219, p. 220, p. 221, p. 222-223, p. 223, p. 225, p. 226, p. 227, p. 228, p. 229, p. 231.

Laure Du Faÿ
p. 12 ; p. 15.

Corine Deletraz
p. 33, p. 62-63, p. 95 (h), p. 123.

Nathalie Locoste
p. 72, p. 73, p. 74, p. 112, p. 118, p. 127, p. 128, p. 135 (g), p. 157 (bd), p. 168, p. 176, p. 194.

Pascal Robin
p. 157 (h), p. 158, p. 160, p. 161.

COUVERTURE
Illustrations et photographies sont numérotées de haut en bas.
Illustrations de Jean-François Saada (pour la fraise), Frédérique Vayssière (pour les enfants), et Pascal Robin (pour le poisson en p. 4 de couverture).
Photographies de Milan : 1.1, 1.2, 1.3, 4g.2, 4g.3, 4g.4, 4g.6 et 4g.7 ; Garcia/Photocuisine/Corbis : 1.4 et 4g.9 ; Marielle/Photocuisine/Corbis : 1.5 ; Solus-Veer/Corbis : 4g.1 ; Gaurier/Photocuisine/Corbis : 4g.8 ; Czap/ Photocuisine/Corbis : 4d.1 ; Lew Robertson/Corbis : 4d.2 ; J. Riou/Photocuisine/Corbis : 4d.3.

Crédits